KB216215

데일 카네기의 인간관계론

친 구 를
만 들 고
사 람 을
움직이는
방   법

데일 카네기의 인간관계론

데일 카네기 지음 | 이선미 편역

원앤원북스

윈앤윈북스 우리는 책이 독자를 위한 것임을 잊지 않는다.
우리는 독자의 꿈을 사랑하고,
그 꿈이 실현될 수 있는 도구를 세상에 내놓는다.

데일 카네기의 인간관계론

초판 1쇄 발행 2014년 12월 4일 **| 지은이** 데일 카네기 **| 편역자** 이선미
펴낸곳 (주)원앤원콘텐츠그룹 **| 펴낸이** 강현규 · 박종명 · 정영훈
책임편집 채지혜 **| 편집** 봉선미 · 김나윤 · 이예은 · 최윤정
디자인 윤지예 · 임혜영 · 홍경숙 **| 마케팅** 박성수 · 김서영 · 박지영
등록번호 제301-2006-001호 **| 등록일자** 2013년 5월 24일
주소 100-826 서울시 중구 다산로22길 10. 4층(신당동. 재덕빌딩) **| 전화** (02)2234-7117
팩스 (02)2234-1086 **| 홈페이지** www.1n1books.com **| 이메일** khg0109@1n1books.com
값 13,000원 **| ISBN** 978-89-6060-381-3 03100

이 도서의 국립중앙도서관 출판시도서목록(CIP)은 e-CIP홈페이지(http://www.nl.go.kr/ecip)에서
이용하실 수 있습니다.(CIP제어번호 : CIP2014033476)

다른 사람에게 관심을 갖지 않는 사람들이
인생에서 가장 큰 고난을 당하며
다른 사람에게 가장 큰 상처를 입힌다.
인간이 겪는 모든 실패는 이런 유형의 사람들로부터 나온다.

• 알프레드 아들러(심리학자) •

나는 이 책을 어떻게 왜 썼는가?

나는 1912년부터 뉴욕에서 사업가와 전문직 사람들을 대상으로 교육 강좌를 진행해왔다. 처음에는 대중연설에 대한 강좌만 진행했다. 이 강좌는 실제 경험을 통해 비즈니스 상담에서나 대중 앞에서 빠르게 판단하고 자신의 생각을 좀더 명확하고 효과적이며 침착하게 표현할 수 있게 훈련시킬 목적으로 설계되었다.

그러나 점차 시간이 갈수록 그들에게 효과적인 말하기 훈련과 더불어 사업적으로나 개인적으로 날마다 만나는 사람들과 좋은 관계를 유지하는 훈련이 더욱더 필요하다는 사실을 알게 되었다.

나 역시 그런 훈련이 몹시 필요하다는 것을 깨닫게 되었다. 지난 과거를 돌아보며 나의 기교나 이해가 부족했던 일들을 생각하면 간담이 서늘하다. 이런 책이 20년 전에 내 손에 있었다면 어땠을까! 대단히 요긴하게 써먹었을 것이다.

아마도 사람을 다루는 일은 당신이 직면한 가장 큰 문제일 것이다. 특히 당신이 사업을 한다면 말이다. 당신이 주부이거나 건축가, 기술자라고 해도 마찬가지다.

몇 년 전 카네기교육진흥재단의 후원으로 진행된 연구에서 아주 중요하고 의미 있는 사실이 밝혀졌다. 그 사실은 후에 카네기공과대학교에서 추가로 연구되어 확인된 바 있다. 이 조사에 따르면 공학과 같은 기술 분야에서도 경제적 성공의 약 15%는 자신의 전문지식 덕분이며 85%는 인간관계의 기술, 즉 인간성과 통솔력에 있다고 한다.

나는 이 책을 준비하면서 이 주제에 관한 신문 칼럼, 잡지 기사, 가정법원의 기록, 옛날 철학자들과 현대 심리학자들의 글 등 내가 찾을 수 있는 모든 글들을 읽었다. 게다가 수많은 도서관에서 내가 놓친 것을 읽기 위해 일 년 반 동안 훈련된 연구원을 고용했다. 어렵고 두꺼운 심리학 서적을 힘들게 읽었으며, 수

많은 잡지 기사를 꼼꼼히 검토하고, 셀 수 없이 많은 전기를 살펴보며 모든 시대의 위대한 지도자들이 어떻게 사람을 다루는지 알아내려고 노력했다.

우리는 전 시대를 걸쳐 친구를 얻고 사람을 설득하기 위해 사용된 모든 실질적인 방법들을 찾아내는 데 시간과 돈을 아끼지 않았다. 나는 개인적으로 수십 명의 성공한 사람들을 인터뷰했고 그들이 인간관계에서 사용한 기술들을 찾으려고 노력했다.

나는 이 모든 자료를 바탕으로 짧은 강연을 준비했다. 나는 그 강연을 '친구를 얻고 사람을 설득하는 방법'이라고 불렀다. 처음에는 짧은 강의였지만 곧 한 시간 반짜리 강의로 시간이 늘어났다. 나는 수년 동안 뉴욕에 있는 카네기연구소에서 성인을 대상으로 매 시즌 이 강의를 했다.

나는 강의를 끝내면 수강자들에게 사업적으로나 사회적인 만남 속에서 시험해보고 다음 강의 시간에 그들이 얻은 경험과 결과를 들려달라고 말했다. 얼마나 흥미로운 과제인가!

자기계발에 굶주려 있던 이들은 새로운 종류의 실험실에서 일을 한다는 생각에 매료되었다. 성인을 대상으로 인간관계를 실험하는 최초이자 유일한 실험실이 생겨난 것이다.

　이 책은 일반적인 개념에서 '쓰인' 것이 아니다. 이 책은 아이가 자라는 것과 같다. 이 책은 그 실험실에서 수천 명의 성인들의 경험 속에서 자라고 발전했다.

　수년 전 우리는 엽서만 한 크기의 카드에 원칙을 인쇄하는 것에서 시작했다. 다음 시즌에는 더 큰 카드에 인쇄를 했고 그 다음에는 전단지에, 그 다음에는 작은 책자로 인쇄했다. 점점 크기와 영역을 확장해나갔다. 15년의 실험과 연구를 통해 이 책이 나오게 되었다.

　이 책에서 소개하는 원칙들은 단순한 이론이나 추측이 아니다. 이 원칙들이 마법처럼 작동한다고 믿기 힘들지 모르겠지만, 나는 이 원칙을 적용한 수많은 사람들이 문자 그대로 삶에 혁신을 일으킨 것을 보았다.

　나는 독일인에게 편지 한 통을 받았다. 그는 호엔촐레른 왕가 집권 시절부터 대대로 장교로서 일을 했던 귀족 집안의 사람이었다. 대서양을 횡단하는 증기선에서 쓴 그의 편지는 이 원칙들을 적용한 이야기들로 가득했고 거의 종교적 열정 수준에 올라있었다.

뉴욕 토박이이자 하버드대학교를 졸업한 대형 카펫 공장의 주인인 한 부유한 남자는, 사람을 설득하는 기술에 관한 이 훈련 체계를 통해 4주 만에 4년 동안 대학에서 배운 것보다 훨씬 더 많은 것을 배웠다고 단언했다. 터무니없고 우스꽝스러운가? 현실성 없어 보이는가? 물론 이 말을 당신이 원하는 어떤 말로 묵살하든 그것은 당신의 자유다.

이 책으로 최대한 많은 것을 얻고 싶다면 필수조건이 하나 있다. 그것은 어떤 규칙이나 기술보다 훨씬 더 중요한 필수조건이다. 이 한 가지 기본적인 필수조건을 가지고 있지 않다면 천 가지 규칙을 배워봐야 소용없다. 그것을 갖고 있다면 이 책에서 제안하는 것을 읽지 않고도 많은 것을 얻을 수 있을 것이다.

이 마법의 조건은 무엇일까? 그건 바로 배우려고 하는 강한 욕구, 사람을 다루는 당신의 능력을 키우려고 하는 강력한 투지다.

어떻게 이 욕구를 발전시킬 수 있을까? 이 원칙들이 당신에

게 얼마나 중요한지를 끊임없이 상기하면 된다. 그 원칙들을 숙
달하는 것이 당신을 얼마나 더 부자로 만들고 더 행복하고 더
풍요로운 삶을 가져다줄지를 머릿속에 그려라. 그리고 계속해
서 스스로에게 이렇게 말하라.

"내 인기, 내 행복과 가치는 내가 얼마나 사람들을 잘 다루는
지에 달려 있다."

데일 카네기

차 례

2부 사람들이 당신을 좋아하게 만드는 법

3부 상대방을 설득하는 방법

4부 리더로서 상대를 변화시키는 방법

원칙1 비판이나 비난, 불평을 하지 말라

원칙2 솔직하고 진심 어린 칭찬을 하라

원칙3 상대방이 간절히 원하도록 만들어라

1부

사람을
대하는
기본 기술

원칙 1

비판이나 비난,
불평을 하지 말라

비판은 위험하다
당신부터 먼저 그렇게 하라
인간은 감정의 동물이다
자제력과 인격이 필요하다
사람들을 심판하지 말자

비판은 위험하다

|

비판은 사람을 방어적으로 만들고, 스스로를 정당화하려고
분투하게 만들기 때문에 쓸모없다.

비판은 위험하다. 왜냐하면 비판은 사람의 소중한 자부심에
상처를 주고 자존감에 상처를 주고 억울하게 만들기 때문이다.

당신부터 먼저 그렇게 하라

|

    당신이 변화시키고 통제하고 개선시키고 싶은 사람이 있는가? 좋다! 괜찮다. 나도 찬성하는 바다. 하지만 왜 당신부터 먼저 그렇게 하지 않는가?

    순전히 이기적인 관점에서 볼 때 그렇게 하는 것이 다른 사람을 개선시키려고 하는 것보다 훨씬 이득이다. 게다가 위험부담도 훨씬 줄어든다. 공자는 이렇게 말했다.

    "네 집 문간도 치우지 않고서 이웃의 지붕에 쌓인 눈을 불평하지 마라."

인간은 감정의 동물이다

우리가 수십 년 동안 괴롭히며 죽을 때까지 지속되는 분노를 일으키려면, 정당하건 혹은 정당하지 않건 신랄한 비판만 하면 된다.

우리가 상대하는 사람은 논리적인 동물이 아니라는 것을 기억하자. 우리는 감정의 동물, 편견 덩어리의 동물, 자존심과 허영심에 자극받는 동물을 대하는 것이다.

자제력과 인격이 필요하다

|

바보는 비판하거나 비난하거나 불평을 할 수 있다. 그리고 대부분의 바보들이 그렇게 한다. 그러나 이해하고 용서하려면 자제력과 인격이 필요하다.

영국의 철학자 칼라일은 "위대한 사람은 보잘것없는 사람들을 대하는 방식에서 위대함을 보여준다."라고 말했다.

하느님도 사람의 생이 다하기 전까지는 심판하지 않는다.

하물며 우리는 어떻겠는가?

사람들을 심판하지 말자

|

    사람들을 비난하는 대신 그들을 이해하려고 노력하자. 그들이 왜 그러는지 이해하려고 노력해보자. 그러는 편이 비난하는 것보다 훨씬 유익하고 흥미롭다. 그러면 공감과 관용, 친절이 생겨난다.

    "모든 것을 알면 모든 것을 용서한다."라는 옛말이 있다. 영국의 시인 새뮤얼 존슨은 "하느님도 사람의 생이 다하기 전까지는 심판하지 않는다."라고 말했다. 하물며 우리는 어떻겠는가?

원칙 2

솔직하고 **진심** 어린
칭찬을 하라

상대방이 하고 싶도록 만들자

|

누군가에게 어떤 일을 하게 하려면 단 한 가지 방법밖에 없다. 그것을 곰곰이 생각해본 적이 있는가? 그 방법은 그 사람이 하고 싶도록 만드는 것이다.

명심하라. 다른 방법은 없다.

어떤 일을 시킬 수 있는 방법

|

    당신은 누군가의 옆구리에 총을 겨누며 시계를 내놓게 할 수 있다. 해고하겠다고 협박하면서 직원들이 당장은 협력하게 만들 수도 있다. 매를 들거나 위협을 주어 아이들이 당신이 원하는 대로 하게 만들 수도 있다.

    그러나 이런 막된 방법은 바람직하지 않은 효과만 낳을 뿐이다. 내가 당신에게 어떤 일을 시킬 수 있는 유일한 방법은 당신이 원하는 것을 주는 것뿐이다.

너를 공격하는 적을 두려워하지 말고
너에게 아첨하는 친구들을 두려워하라.

중요한 사람이 되려는 욕망

|

　당신은 무엇을 원하는가? 오스트리아의 정신분석가 지그문트 프로이트는 "우리가 하는 모든 행동은 성욕과 위대해지고 싶은 욕망이라는 2가지 동기에서 기인한다."라고 했다.

　미국의 가장 심오한 철학자 중 한 명인 존 듀이는 이를 조금 다르게 표현했다. 존 듀이는 "인간의 본성에서 가장 강한 욕구는 중요한 사람이 되려는 욕망이다."라고 말했다. '중요한 사람이 되려는 욕망'이라는 말을 기억하라. 이것은 아주 특별한 의미를 지닌다.

칭찬과 아첨의 차이

|

칭찬과 아첨의 차이는 무엇일까? 그것은 아주 간단하다. 칭찬은 진심이고, 아첨은 진심이 아니다. 칭찬은 마음에서 나오고, 아첨은 입에서 나온다.

칭찬은 이기적이지 않고, 아첨은 이기적이다. 칭찬은 누구에게나 존경받고, 아첨은 누구에게나 비난받는다.

아첨하는 친구를 두려워하라

|

    나는 최근 멕시코시티의 차풀테펙 궁전에 있는 멕시코의 영웅 알바로 오브레곤 장군의 반신상을 보았다. 반신상 아래에는 오브레곤 장군의 철학이 담긴 잠언이 새겨져 있었다.

    "너를 공격하는 적을 두려워하지 말고 너에게 아첨하는 친구들을 두려워하라."

삶의 새로운 방식

|

아니! 아니! 아니! 나는 아첨을 권하는 것이 아니다! 전혀!
나는 삶의 새로운 방식에 대해 말하는 것이다. 거듭 말하지
만, 나는 새로운 삶의 방식에 대해 말하는 것이다.

되새길 만한 아첨의 정의

|

영국 국왕 조지 5세는 버킹엄 궁전의 서재 벽에 6개의 격언을 걸어두었다. 그 격언 중 하나는 "값싼 칭찬은 하지도 말고 받지도 않게 가르쳐주십시오."였다. '값싼 칭찬'이 바로 아첨의 모든 것이다.

나는 되새길 가치가 있는 아첨의 정의를 읽은 적이 있다.

"아첨이란 어떤 사람이 상대가 생각하고 싶은 대로 말해주는 것이다."

내가 만난 모든 사람은 나보다 나은 점이 있다.

그래서 나는 그들에게서 배운다.

자기 본심은 속일 수 없다

|

　미국의 철학자 랄프 왈도 에머슨은 "어떤 언어를 사용한다 해도 자기 본심은 속일 수 없다."라고 했다. 모든 일이 아첨으로 이루어진다면, 우리는 모두 인기가 있고 인간관계에서 전문가가 될 것이다.

나에 대한 생각을 잠깐 멈추자

|

우리는 어떤 특정한 문제를 생각하지 않을 때, 보통 우리 자신에 관한 생각으로 95%가량의 시간을 쓴다. 지금 당장, 잠깐 동안 자신에 대한 생각을 멈추고 타인의 장점을 생각한다면, 우리는 입 밖으로 나오기도 전에 알아챌 수 있는 거짓된 값싼 아첨 따위에 의지할 필요가 없을 것이다.

타인의 장점을 찾자

|

에머슨은 "내가 만난 모든 사람은 나보다 나은 점이 있다. 그래서 나는 그들에게서 배운다."라고 했다. 이것이 에머슨에게 진리였다면 우리에게도 백배 천배쯤 진리이지 않겠는가?

우리의 재주나 욕심은 멈추고 타인의 장점을 찾으려고 노력하자. 그런 다음 아첨은 잊어버리자. 타인에게 솔직하고 진심 어린 칭찬을 하라.

당신의 말을 간직하게 하는 법

|

진심 어린 동의를 하고 후한 칭찬을 하라. 그러면 사람들은 당신의 말을 소중히 간직하고, 살아가는 동안 내내 되새길 것이다. 당신은 잊어버려도 그 사람들은 오랫동안 그 말을 되뇔 것이다.

원칙 3

상대방이 간절히
원하도록 만들어라

그가 원하는 것을 말하라
내가 원하는 것을 말하지 말라
그가 그 일을 하고 싶게 만들자
타인의 관점에서 세상을 보자
그가 원하는 것에 관심을 가지자
자기가 중요하다는 느낌
자기표현을 사업에 적용하기
그가 간절히 원하게 하라

그가 원하는 것을 말하라

|

왜 우리는 자신이 원하는 것에 대해 이야기를 할까? 이것은 유치하고 우스꽝스러운 일이다. 물론 당신은 당신이 원하는 것에 관심이 있다. 영원히 그것에 관심을 가질 것이다. 하지만 다른 사람은 아니다. 다른 사람도 당신과 똑같다. 우리는 우리가 원하는 것에만 관심을 가진다.

그러므로 다른 사람에게 영향을 주는 유일한 방법은 그들이 원하는 것을 이야기하고, 어떻게 그것을 얻을 수 있는지 알려주는 것이다.

다른 사람에게 영향을 주는 유일한 방법은

그들이 원하는 것을 말하고, 어떻게 그것을 얻을 수 있는지 알려주는 것이다.

내가 원하는 것을 말하지 말라

|

　누군가에게 어떤 일을 시키려고 한다면 이 점을 명심하라. 예를 들어 당신의 자식이 담배를 피우지 않기를 원한다면, 자식들에게 설교나 당신이 원하는 것이 무엇인지 말하지 말라. 대신 담배를 피우면 야구팀에 들어가기 힘들다거나, 100m 달리기에서 우승할 수 없다는 것을 알려주어라.

　이것은 아이들뿐만 아니라 송아지나 침팬지를 다룰 때도 좋은 방법이다.

그가 그 일을 하고 싶게 만들자

|

당신이 어떤 사람에게 무슨 일을 하도록 설득하고 싶다면, 먼저 말하기 전에 잠시 멈추고 스스로에게 이렇게 물어보아라. "이 사람이 그 일을 하고 싶게 만들려면 어떻게 하면 될까?"

이 질문은 우리가 원하는 바를 의미 없이 조잘거리면서 부주의하게 상황에 뛰어들지 않도록 해줄 것이다.

타인의 관점에서 세상을 보자

|

인간관계에 관한 최고의 충고가 있다. 포드자동차의 설립자 헨리 포드는 "성공의 비결이 있다면 그것은 타인의 견해를 받아들이고 당신의 관점뿐만 아니라 타인의 관점에서 사물을 보는 능력이다."라고 말했다.

아주 훌륭한 말이므로 반복해서 말하고 싶다. "성공의 비결이 있다면 그것은 타인의 견해를 받아들이고 당신의 관점뿐만 아니라 타인의 관점에서 사물을 보는 능력이다."

이 말은 아주 간단명료해서 누구나 흘깃 보더라도 진실을 알아차릴 수 있다. 하지만 대부분의 사람들은 살아가는 동안 이 말을 무시하고 산다.

그가 원하는 것에 관심을 가지자

|

한 친구가 쉬는 시간에 함께 농구를 하고 싶어 당신에게 이렇게 말했다.

"너랑 같이 나가서 농구를 하고 싶어. 난 농구를 좋아하는데, 요 며칠 체육관에 가보니 사람들이 없어서 시합을 할 수가 없었어. 전날 밤에는 2~3명이 공 던지기를 했는데, 내 눈에 멍이 들었지 뭐야. 내일 밤 모두 나와주면 좋겠어. 농구를 하고 싶어."

이 사람은 당신이 원하는 바를 이야기했는가? 누구도 가지 않는 체육관에 당신이라고 나가고 싶겠는가? 당신은 그가 무엇을 원하는지 관심이 없으며, 눈에 멍이 들고 싶지도 않다.

이 사람은 체육관을 이용했을 때 당신이 원하는 것을 어떻게 얻을 수 있는지 알려줄 수 있었을까? 물론이다. 농구를 하면 좀더 활력이 생긴다거나 식욕이 왕성해진다거나 머리가 맑아지고 농구가 재미있는 게임이라고 말할 수도 있었다.

자기가 중요하다는 느낌

|

　내 강의를 수강중인 전화기술자 더치만 씨는 3살 된 딸에게 아침밥을 먹일 수가 없었다. 흔히 하는 방법으로 야단도 치고 애원도 하고 달래보기도 했지만 소용이 없었다. 그래서 부모는 스스로에게 이렇게 물었다.

　"어떻게 하면 우리 딸이 아침밥을 먹고 싶어할까?"

　어린 딸은 엄마 흉내를 내며 다 큰 사람이라고 느끼기를 좋아했다. 그래서 어느 날 아침, 엄마는 딸을 의자에 앉히고 아침 식사를 만들게 했다. 그러던 때에 아빠가 부엌으로 들어갔고 딸아이는 시리얼을 젓다가 이렇게 말했다.

　"아빠, 이것 보세요. 제가 아침으로 시리얼을 만들고 있어요!"

　아이는 어르지도 않았는데 시리얼을 2그릇이나 먹었다. 왜냐하면 아이는 그게 재미있었기 때문이다. 아이는 자기가 중요하다는 느낌을 받았고, 시리얼을 만들면서 자기를 표현하는 방법을 발견한 것이다.

성공의 비결이 있다면 그것은 타인의 견해를 받아들이고
타인의 관점에서 사물을 보는 능력이다.

자기표현을 사업에 적용하기

|

"자기표현은 인간 본성의 필수적인 요소다."라고 윌리엄 윈터는 말했다. 이 같은 심리를 사업에 적용해보면 어떨까?

우리에게 아주 번뜩이는 아이디어가 있다. 만약 다른 사람들에게 그 아이디어를 우리의 것이라고 생각하게 하지 말고, 그 아이디어를 그들의 아이디어와 섞어서 요리하게 하면 어떨까? 그러면 그들은 그 아이디어가 자신의 것이라고 생각할 것이고 그 아이디어를 좋아하게 될 것이다.

그가 간절히 원하게 하라

명심하라. 반드시 명심하라. 우선 상대방이 간절히 원하도록 만들어라. 이것을 할 수 있는 사람은 세상을 얻을 것이다. 하지만 이것을 할 수 없는 사람은 외로운 길을 걸을 것이다.

—
2부

사람들이
당신을 좋아하게
만드는 법

원칙 4

상대방에게
진심으로 관심을 가져라

자기 자신에게만 관심이 있다

|

　당신이 다른 사람에게 관심을 갖게 되면, 다른 사람이 당신에게 관심을 갖게 해서 2년 안에 만들 수 있는 친구보다 더 많은 친구를 두 달 안에 만들 수 있다.

　우리는 다른 사람의 관심을 받으려고 이리 뛰고 저리 뛰면서 평생 동안 실수를 하는 사람들이 있다는 것을 알고 있다. 물론 소용없는 일이다. 사람들은 당신에게도 다른 사람들에게도 관심이 없다. 다만 자기 자신에게만 관심이 있을 뿐이다. 아침에도 점심에도 저녁에도 말이다.

사람들에게 진정으로 관심을 가진다면

아무리 인기 있고 바쁜 사람일지라도 시간과 협조를 얻을 수 있다.

사람들에게 관심을 가지자

|

나는 한때 뉴욕대학교에서 단편소설 쓰기 과정을 들은 적이 있는데, 그때 한 잡지사 편집장이 우리 반을 가르쳤다. 그는 매일 자기 책상에 쌓이는 수많은 소설 중 하나를 집어 들어 몇 단락만 읽어도 그 작가가 사람을 좋아하는지 아닌지를 알 수 있다고 말했다. "만약 작가가 사람을 좋아하지 않는다면, 사람들도 그 작가의 작품을 좋아하지 않을 것이다."라고 했다.

이 완고한 편집장은 소설 작법에 대한 강의를 하면서 2번이나 말을 멈추고 설교조로 이야기해서 미안하다고 사과했다.

"제가 하는 말은 전도사가 말하는 것과 같습니다. 하지만 명심하십시오. 성공적인 소설가가 되고자 한다면 사람들에게 관심을 가져야 합니다."

이 말이 소설을 쓰는 데 참이라면 사람을 마주하고 대하는 것에도 물론 참이다.

자연스럽게 협조를 얻는 법

|

나는 진정으로 관심을 가지면 아무리 인기 있는 바쁜 사람에게서조차도 관심과 시간과 협조를 얻을 수 있다는 것을 개인적인 경험을 통해 알게 되었다. 그 이야기를 해보겠다.

나는 몇 년 전 브루클린 예술과학협회에서 소설 작법 강의를 계획하고 있었다. 우리는 저명하고 바쁜 작가들을 모시고 그들의 유익한 경험담을 듣고 싶었다. 그래서 작가들에게 "우리는 작가님의 작품에 감탄하고 있으며, 작가님의 충고를 진지하게 얻고 싶고, 작가님의 성공 비결을 배우고 싶다."라고 편지를 썼다.

각 편지에는 150명 정도의 학생들이 사인을 했다. 또 우리는 작가들이 바빠 강의 준비할 시간을 내기가 힘들다는 것을 잘 알고 있다고 덧붙이며 작가와 작법에 대해 묻는 질문지를 동봉했다. 작가들은 그것을 좋아했다. 누가 이런 방법을 좋아하지 않겠는가? 그리하여 작가들은 집을 떠나 브루클린으로 와서 우리를 기꺼이 도와주었다.

친구들의 생일을 기억하자

|

　나는 수년간 친구들의 생일을 알아내려고 했다. 어떻게? 나는 점성술을 믿지는 않지만, 상대방에게 태어난 날이 성격이나 기질에 영향을 미친다고 생각하는지 아닌지 질문하는 것부터 시작한다. 그런 다음 생일을 물어본다.

　만약 상대방이 11월 24일생이라고 말한다면 나는 마음속으로 '11월 24일, 11월 24일'이라고 되새긴다. 그리고 친구가 잠깐 뒤돌아서 있을 때 이름과 생일을 적어두고 나중에 생일노트에 옮겨 적는다.

　새해가 되어 달력에 생일을 적어두면 그들은 자연스럽게 내 관심을 받게 된다. 생일날이 되면 나는 그들에게 편지나 전보를 보낸다. 그 효과가 얼마나 큰지! 나는 종종 친구들의 생일을 기억하는 지구상의 유일한 사람이 되기도 한다.

전화를 활기차게 받자

|

친구를 만들고 싶다면 활기와 열정으로 사람을 맞이하자. 누가 당신에게 전화를 걸어오면 같은 심리를 이용해라. 당신이 전화해줘서 얼마나 기쁜지 모르겠다는 말투로 "안녕~"이라고 말하라.

많은 회사들이 전화 상담 직원에게 관심과 열정이 뿜어져 나오는 목소리로 인사를 하며 전화를 받는 훈련을 시킨다. 그러면 전화를 건 사람은 그 회사가 자신에게 관심이 있다고 느끼게 된다. 전화를 받을 때 꼭 기억해두자.

그가 나를 좋아하게 만들려면

|

예수가 태어나기 100년 전, 유명한 로마의 시인 푸블리우스 시루스는 이렇게 말했다.

"우리는 우리에게 관심이 있는 상대에게만 관심을 갖는다."

만약 다른 사람이 당신을 좋아하기를 원한다면, 진정한 우정으로 발전시키고 싶다면, 당신 스스로를 돕듯이 다른 사람을 돕기 바란다면, 이 원칙을 마음속에 꼭 기억해두어라. 이렇게 하면 당신은 어디서나 환영받을 것이다.

원칙 5

좋은 첫인상을
주려면 웃어라

미소를 짓는 행동
가식적인 웃음은 멀리하라
억지로라도 웃으려고 하라
당신의 생각을 조절하자

미소를 짓는 행동

|

말보다 행동이 중요하다. 미소를 짓는 행동은 "나는 당신을 좋아해요." "당신은 나를 행복하게 합니다." "만나서 반갑습니다."라는 것을 표현해준다.

개가 사랑을 받는 이유도 마찬가지다. 개들은 우리를 보면 너무 기뻐서 펄쩍펄쩍 뛴다. 그러니 자연히 우리는 개를 보고 반가워하게 된다.

우리가 기분이 좋지 않을 때 기분을 좋게 만드는 자발적인 방법은

유쾌한 자세를 취하는 것이다.

가식적인 웃음은 멀리하라

|

가식적인 웃음은 어떠한가? 그런 것으로는 그 누구도 속일 수 없다. 우리는 그것이 기계적이라는 것을 알기 때문에 오히려 분개한다.

나는 진정한 미소, 마음을 따뜻하게 하는 미소, 마음속에서 우러나온 미소, 시장에서 좋은 값을 받을 수 있는 그런 종류의 미소에 대해 이야기하고 있는 것이다.

억지로라도 웃으려고 하라

|

    당신은 행복해지고 싶은가? 그러면 무엇을 해야 할까? 억지로라도 웃으려고 하라. 혼자라면 휘파람이나 콧노래를 불러라. 마치 이미 행복하다는 것처럼 행동하라. 그러면 곧 행복해질 것이다. 심리학자이자 철학자인 윌리엄 제임스는 이렇게 말했다.

    "행동은 감정을 따라가는 것처럼 보이지만 실제 행동과 감정은 함께 간다. 좀더 의지의 직접적인 통제를 받는 행동을 조절하면 그렇지 않은 감정을 간접적으로 조절할 수 있다. 따라서 우리가 기분이 좋지 않을 때 기분을 좋게 만드는 자발적인 방법은 유쾌한 자세를 취하는 것이다. 마치 벌써 기분이 좋은 것처럼 말하고 행동하는 것이다."

당신의 생각을 조절하자

|

    세상 모든 사람들은 행복을 추구한다. 여기에 행복을 찾는 확실한 방법이 하나 있다. 그것은 당신의 생각을 조절하는 것이다. 행복은 외부에 있지 않고 내부에 있다.

    당신이 무엇을 가졌는지, 당신이 누구인지, 당신이 어디에 사는지, 당신이 무엇을 하는지가 당신을 행복하거나 불행하게 만들지 않는다. 행복은 당신이 어떻게 생각하는지에 달려 있다.

    예를 들어 같은 곳에서 같은 일을 하는 두 사람이 있다. 둘은 임금과 지위가 비슷하다. 그런데 한 사람은 불행하고 한 사람은 행복하다. 왜 그럴까? 그건 마음가짐이 다르기 때문이다. 나는 열대의 엄청난 무더위 속에서 몸으로 일하는 가난한 농부들 가운데 많은 사람들이 뉴욕이나 시카고, 로스앤젤레스의 시원한 사무실에서 일하는 사람만큼 행복해하는 것을 많이 보았다.

원칙 6

상대방의 이름을
기억하고 불러라

교묘하면서 아주 효과적인 칭찬

|

짐 팔리는 루스벨트의 대통령 선거 유세를 시작하기 전 몇 달 동안 서부와 남서부 주의 거의 모든 사람들에게 날마다 수백 통의 편지를 썼다.

그는 사륜차와 기차, 자동차, 배 등을 타고 19일 동안 20개 주를 아우르면서 1만 2천 마일을 순회했다. 그는 마을을 드나들며 사람들과 만나 점심이나 아침을 먹거나 차를 마시거나 저녁을 함께하며 솔직한 대화를 나누었다. 그런 뒤 일정이 끝나면 다른 일정으로 바로 달려갔다.

짐 팔리는 동부로 돌아오자마자 각 마을에서 만났던 한 사람에게 편지를 써서, 그와 이야기를 나누었던 모든 사람들의 명단을 요청했다. 최종 명단에는 수천 명의 이름이 올라와 있었다. 명단에 적힌 모든 사람들은 짐 팔리의 친서에 담긴 절묘한 칭찬을 받게 되었다. 그의 편지는 '친애하는 빌에게' '친애하는 제인에게'로 시작해서 항상 '짐'이라는 서명으로 끝을 맺었다.

짐 팔리는 사람들은 대부분 세상의 다른 모든 사람의 이름을 합친 것보다 자신의 이름에 훨씬 관심이 있다는 걸 일찌감치 알고 있었다. 이름을 기억하고 친근하게 불러주는 것은 교묘하면서 아주 효과적인 칭찬을 하는 것이다.

이름에 대한 유별난 자부심

|

　사람들은 자신의 이름에 자부심을 가지고 있기 때문에 어떤 대가를 치르더라도 자신의 이름을 영원히 남기려고 분투한다. 당대 최고의 쇼맨인 허풍스럽고 완고한 P. T. 바넘조차 자신의 이름을 물려줄 아들이 없다는 사실에 몹시 실망하고는, 손자 C. H. 실리에게 '바넘' 실리라고 이름을 바꾸면 2만 5천 달러를 주겠다고 제안했다.

　수세기 동안 귀족과 부자들은 화가나 음악가, 작가들을 지원해주고 작품을 자신들에게 헌정하도록 했다. 자신의 이름이 인류의 기억에서 사라지는 것을 참을 수 없는 사람들이 도서관과 박물관에 엄청난 소장품들을 기증했다.

　뉴욕 공립도서관은 제이콥 에스터와 제임스 레녹스의 소장품을 가지고 있다. 메트로폴리탄 박물관은 벤자민 알트만과 J. P. 모건의 기증품들을 보관하고 있으며 그 이름을 전하고 있다. 거의 모든 교회는 창문에 기증자의 이름을 새긴 스테인드글

라스로 장식하고 있다. 또한 대부분의 대학 캠퍼스에 있는 건물들은 기부자의 이름을 따서 쓰고 있다.

사람들은 대부분 세상의 다른 모든 사람의 이름을 합친 것보다

자신의 이름에 훨씬 관심이 많다.

이름을 외우는 데 시간을 쓰자

많은 사람들이 이름을 기억하지 못하는 것은, 이름을 마음속에 담고 반복해서 외우거나 집중하는 데 시간과 에너지를 쏟지 않기 때문이다. 그들은 항상 너무 바쁘다고 핑계를 댄다.

하지만 아마도 그들은 루스벨트 대통령보다 더 바쁘지는 않을 것이다. 루스벨트 대통령은 자신이 만난 기술자의 이름까지도 기억해내고 외우는 데 시간을 썼다.

이름을 기억하는 비결

|

　프랑스의 황제이자 나폴레옹의 조카인 나폴레옹 3세는 바쁜 궁정 업무에도 불구하고 만나는 모든 사람의 이름을 늘 기억할 수 있었다.

　비결이 무엇일까? 간단하다. 이름을 정확하게 듣지 못하면 이렇게 말했다.

　"대단히 미안하오. 이름을 정확하게 듣지 못했소."

　그리고 특이한 이름일 경우에는 "철자가 어떻게 되오?"라고 물었다고 한다. 또 나폴레옹은 대화를 하면서 몇 번이고 상대방의 이름을 부르려고 노력했고 상대방의 특징과 말투, 전반적인 모습까지 마음속에 연상시키려고 노력했다.

　중요한 사람일 경우 나폴레옹은 더욱 노력을 기울였다. 그는 혼자 있는 시간이 되면 종이에 상대방의 이름을 적고 그 이름을 유심히 보았으며 이름에 집중했다. 그리고 그의 마음속에 이름을 진지하게 새겨 넣은 뒤 종이를 찢어버렸다. 이렇게 해서 나폴레옹은 귀로 듣는 인상뿐 아니라 눈으로 보는 인상까지 얻게 되었다.

이름을 기억하는 능력

|

낯선 사람과 통성명을 하고 잠깐 대화를 나눈 뒤 30분만 지나면 우리는 대부분 그들의 이름을 기억하지 못한다.

정치인이 배워야 하는 첫 번째 교훈이다. 바로 유권자의 이름을 기억하는 것, 이것이 정치력이다. 그것을 잊어버리면 정치인 자신도 흔적도 없이 사라지고 만다.

이름을 기억하는 능력은 정치 못지않게 사업이나 사회적 교류에서도 매우 중요하다.

상대방의 이름을 부르는 일은 사람이 하는 말 중

가장 달콤하면서 가장 중요한 소리임을 기억하라.

그의 이름을 부르는 일

|

사람의 이름을 기억하기까지는 시간이 걸린다. 그래서 에머슨은 "예절은 작은 희생으로 만들어진다."라고 말했다.

상대방의 이름을 부르는 일은 사람이 하는 말 중 가장 달콤하면서 가장 중요한 소리임을 기억하라.

원칙 7

좋은 대화 상대가
되려면 **잘 듣자**

귀담아 들어주는 상대를 원한다
대화 상대에게 집중하자
자신에게만 취해 있지 말라
관심을 원하면 관심을 가져라
그의 관심사는 오직 그 자신뿐

귀담아 들어주는 상대를 원한다

|

나는 얼마 전 브리지 카드 게임 파티에 간 적이 있다. 나는 카드 게임을 하지 않는다. 거기에는 나처럼 카드 게임을 하지 않는 여인이 한 명 있었다. 그녀는 내가 로웰 토머스가 라디오를 하기 전에 그의 매니저를 했고, 그를 도와 여행담을 준비하는 동안 유럽 곳곳을 여행했다는 것을 알게 된 뒤 내게 말했다.

"아! 카네기 씨, 당신이 가본 멋진 곳과 무엇을 보았는지에 대해 이야기해주세요."

우리가 소파에 앉았을 때 그녀는 남편과 함께 최근 아프리카 여행을 다녀왔다고 말했다. "아프리카!" 나는 탄성을 질렀다.

"정말 재밌었겠어요! 저는 늘 아프리카에 가보고 싶었어요. 하지만 단 한 번 알제에서 24시간 머무른 것을 빼고는 가본 적이 없어요. 맹수들이 사는 곳에 가보셨나요? 그렇다고요? 정말 운이 좋으세요. 부럽습니다. 저에게 아프리카에 대해 이야기해주세요."

그녀는 45분 동안이나 아프리카 이야기를 들려주었다. 그녀는 내가 어디를 다녀왔는지, 무엇을 보았는지 다시 물어보지 않았다. 그녀는 내 여행담을 듣고 싶은 것이 아니었다. 그녀는 자기 말에 관심을 갖고 귀담아 들어주는 상대를 원했던 것이다. 그래야 자기 자신을 드러낼 수 있고 자기가 다녀온 곳에 관해 말할 수 있기 때문이다.

그녀가 특이하다고 생각하는가? 아니다. 대부분의 사람이 그렇다.

대화 상대에게 집중하자

|

성공적인 비즈니스 소통의 비결은 무엇일까? 전 하버드대학교 총장 찰스 엘리엇은 "성공적인 비즈니스 소통의 비결은 없다. 대화 상대에게 집중하는 것이 아주 중요하다. 이것만큼 즐겁게 하는 것은 없다."라고 말했다.

자명한 일이 아닌가? 하버드에서 4년이나 공부하지 않아도 이 사실을 알 수 있다. 그러나 비싼 임대료를 내고 싼 상품을 사들여 진열을 멋지게 해놓고 광고에 수천 달러를 들이면서, 고객의 말은 귀담아 듣지 않는 점원을 고용하는 백화점 주인들이 있다. 결국 그 점원은 고객의 말을 가로막고, 반박하고, 화나게 만들어 고객을 가게에서 몰아내고 만다.

훌륭한 대화 상대가 되고 싶다면 주의 깊은 청자가 되라.

관심을 받고 싶으면 관심을 가져라.

자신에게만 취해 있지 말라

|

　사람들이 당신을 피하고 당신을 등 뒤에서 비웃고 당신을 경멸하게 하고 싶다면 여기에 방법이 있다. 누구의 말이라도 오래 듣고 있지 말라. 쉴 새 없이 당신에 대한 이야기를 하라. 상대방이 말하는 동안 어떤 생각이 떠오르면 상대방의 말이 끝날 때까지 기다리지 말라. 말을 자르고 중간에 끼어들어라.

　이런 사람을 알고 있는가? 불행히도 나는 알고 있다. 더 놀라운 것은 그들 중에는 유명인사도 있다는 사실이다. 그들은 지루함 그 자체다. 자기 자신에게만 취해 있고 자신만 중요하다고 생각하는 것은 정말 지루한 일이다.

관심을 원하면 관심을 가져라

|

훌륭한 대화 상대가 되고 싶다면 주의 깊은 청자가 되어라. 관심을 받고 싶다면 먼저 관심을 가져라. 다른 사람이 즐겁게 대답해줄 수 있는 질문을 하라.

좋은 청자가 되어라. 상대방이 자신의 이야기, 즉 그 자신과 그들이 이룬 일에 대해 이야기를 할 수 있도록 용기를 주어라.

그의 관심사는 오직 그 자신뿐

|

당신과 이야기를 나누고 있는 사람들은 당신이나 당신의 문제보다 그들 자신과 그들의 희망사항이나 문제에 훨씬 더 관심이 있다는 것을 기억하라.

그들에게는 중국에서 기근으로 백만 명이 죽는 것보다 자신의 치통이 더 중요하다. 아프리카에서 40번이나 지진이 난 것보다 자기 목에 난 종기 하나에 더 관심이 가는 법이다. 앞으로 대화를 시작할 때는 이런 점을 반드시 생각하라.

원칙 8

상대방의 관심사에 대해서 이야기하라

그가 가장 귀하게 여기는 것
인간의 본성은 불변이다
흥미로운 사람이 되는 비결

그가 가장 귀하게 여기는 것

|

루스벨트 대통령의 손님이 되어본 적이 있는 사람들은 모두 그의 폭넓고 다양한 지식에 깜짝 놀란다. 손님이 카우보이건, 의용 기병대원이건, 뉴욕의 정치인이건, 외교관이건, 루스벨트 대통령은 어떤 말을 해야 할지 잘 알고 있었다.

어떻게 그럴 수 있었을까? 답은 간단하다. 그는 손님이 올 때마다 전날 밤 늦게까지 자리에 앉아 손님이 특히 관심을 두고 있는 주제에 관한 책을 읽었다.

모든 리더들이 알고 있는 것처럼 루스벨트 대통령은 사람의 마음으로 가는 지름길은 상대방이 가장 귀하게 여기고 있는 것에 대해 이야기하는 것임을 알고 있었기 때문이다.

인정받고자 하는 욕구는 인간을 동물과 구별 짓는 욕구이며

인간의 문명을 책임지는 욕구다.

인간의 본성은 불변이다

|

    수필가이자 예일대학교 문과대학 교수인 윌리엄 라이언 펠프스는 일찌감치 "인간의 본성은 불변이다."라는 교훈을 깨달았다. 그는 『인간의 본성』이라는 자신의 수필에 다음과 같이 썼다.

    나는 8살 때 후사토닉의 스트래트포드에 있는 리비 린슬리 아주머니 댁에서 주말을 보내고 있었다. 어느 날 저녁 한 중년 남자가 방문했고 아주머니와 예의 바른 언쟁을 하고 난 뒤 나에게 관심을 가져주었다. 그 당시 나는 보트에 푹 빠져 있었고 그 남자는 내가 특히 관심이 있는 주제에 대해 이야기를 꺼냈다. 그가 돌아간 후 나는 흥분해서 그에 대해 말했다.

    "정말 멋진 아저씨예요!"

    아주머니는 나에게 그는 뉴욕에 있는 변호사이고 보트에 대해서는 아무것도 모르며 심지어 보트에는 관심조차 없을 거라고 말해주었다.

"그런데 왜 아저씨는 내내 보트에 대한 이야기만 했을까요?"

"그야 신사라서 그렇지. 그는 네가 보트에 관심이 있다는 걸 알고, 너를 흥미롭게 하고 즐겁게 해주려고 그가 알고 있는 것을 모두 이야기한 거야. 너를 유쾌하게 하려고 말이지."

그리고 윌리엄 라이언 펠프스는 이렇게 덧붙였다.

"나는 아주머니의 말씀을 절대 잊을 수가 없었다."

흥미로운 사람이 되는 비결

|

흥미로운 사람이 되고 싶은가? 방법은 너무나도 간단하다. 나의 관심사가 아닌 그의 관심사에 대해 이야기하라. 그것 하나면 된다.

원칙 9

그가 **중요한 사람**이라고
느끼게 하라

수많은 친구와 행복해지는 법

|

인간의 행동에서 지극히 중요한 법칙이 하나 있다. 이 법칙을 지키면 문제는 거의 일어나지 않을 것이다. 사실 이 법칙을 지키면 수많은 친구와 끊임없는 행복을 얻을 것이다. 그러나 이 법칙을 깨는 바로 그 순간 우리는 끝없는 문제에 직면하게 될 것이다.

그 법칙은 바로 이것이다. "항상 상대방으로 하여금 자신이 중요하다고 느끼게 만들어라."

상대방에 대한 이야기를 하라. 상대방에 대한 이야기를 하면
그들은 몇 시간이나 경청을 할 것이다.

인정받으려는 인간의 욕망

|

　존 듀이는 "중요한 사람이 되고 싶은 욕망은 인간 본성의 가장 깊은 욕구"라고 말했다. 심리학자 윌리엄 제임스는 "인간 본성에서 가장 깊은 원칙은 인정받으려는 욕망"이라고 말했다.

　이는 인간을 동물과 구별 짓는 욕구이며 인간의 문명을 책임지는 욕구다.

사람들에게 대접받는 법

|

철학자들은 수천 년 동안 인간관계의 법칙에 대해 추측해왔고 그 추측을 통해 아주 중요한 개념을 하나 내놓았다. 그건 새로운 것이 아니고 역사만큼 오래된 것이다. 2,500년 전 페르시아에서 조로아스터교는 추종자들에게 이것을 가르쳤다.

2,400년 전 중국에서는 공자가 이것을 설파했다. 도교의 창시자 노자는 한 계곡에서 제자들에게 이것을 가르쳤다. 부처는 기원전 5세기에 갠지스 강가에서 이것을 설파했다. 그보다 천 년 전 힌두교의 경전에서는 이것을 가르쳤다. 1,900년 전 예수는 유대의 바위 언덕에서 이것을 가르쳤다.

예수는 이것을 하나의 생각으로 요약했는데 아마도 세상에서 가장 중요한 법칙일 것이다.

"남에게 대접받고 싶으면 먼저 남을 그렇게 대하라."

내가 먼저 그렇게 대해주자

|

당신은 다른 사람에게 인정받기를 원한다. 당신은 자신의 진정한 가치를 인정받고 싶어한다. 당신은 작은 세상에서 중요한 사람이라는 느낌을 받고 싶어한다.

당신은 하찮고 가식적인 아첨을 듣고 싶은 것이 아니라 진심 어린 인정을 갈구하고 있다. 당신은 진심에서 우러나온 칭찬을 해주는 관계를 원한다. 우리 모두 그렇다.

그러니 이 황금법칙을 지키자. 다른 사람이 나를 대접해주기를 바라면 내가 먼저 그렇게 대해주자. 어떻게? 언제? 어디서? 대답은 이렇다. "언제나, 어디서나!"

그들의 마음을 얻는 방법

|

당신이 만나는 거의 모든 사람들이 어떤 점에서는 자신이 당신보다 우월하다고 느낀다. 이것은 있는 그대로의 진실이다. 그들의 마음을 얻는 확실한 방법은 어떻게 해서라도 당신이 그들을 중요한 사람이라고 생각하고 진심으로 인정하고 있음을 각인시켜주는 것이다. 에머슨의 말을 기억하라.

"내가 만난 사람들은 모두 어떤 면에서 나보다 우월하다. 그래서 나는 그들에게 배운다."

논쟁을 이기는 단 한 가지 최선의 방법은

논쟁을 피하는 것이다.

자신을 치켜세우는 사람들

|

　소란을 피우고 말도 안 되는 자만심을 부리며 자신을 치켜세우는 사람들이 흔하다는 것은 참 애처로운 일이다. 영국의 극작가 윌리엄 셰익스피어는 이렇게 말했다.

　"인간이여, 오만한 인간이여! 아주 짧은 권한을 가지고 있으면서 저 높은 하늘 앞에서 환상적인 속임수를 쓰다니, 천사를 울게 하는구나."

상대방에 대한 이야기를 하라

|

대영제국을 통치했던 빈틈없는 지도자 중 한 명인 벤저민 디즈레일리는 이렇게 말했다.

"상대방에 대한 이야기를 하라. 상대방에 대한 이야기를 하면 그들은 몇 시간 동안이나 경청을 할 것이다."

당신을 좋아하게 만드는 법

|

사람들이 당신을 단숨에 좋아하게 만드는 법을 알고 싶은가? 상대방이 중요한 사람임을 느끼게 하라. 그리고 진심을 담아서 대하라.

3부

상대방을
설득하는
방법

원칙 10

논쟁은 부질없으므로
논쟁을 피하자

당신은 논쟁에서 이길 수 없다

논쟁에서의 승리는 공허한 승리

논쟁은 부질없는 일이다

오해는 논쟁으로 끝낼 수 없다

논쟁을 피해야 한다

당신은 논쟁에서 이길 수 없다

|

논쟁은 십중팔구 대화에 참여하는 각자가 자신이 옳다고 생각하는 것을 더 확고하게 만드는 결과만 낳을 뿐이다.

당신은 논쟁에서 이길 수 없다. 논쟁에서 지면 지는 것이고, 이겨도 지는 것이기 때문이다. 왜 그럴까? 당신이 상대방의 허점을 지적해서 상대방이 옳지 않음을 증명하고 마침내 이겼다고 가정해보자.

그러면 당신은 기분이 좋아질 것이다. 그러나 상대방은 어떠한가? 당신은 상대방에게 열등감을 느끼게 하고 자존심에 상처를 준 것이다. 상대방은 당신의 승리에 분개할 것이다. 자신의 생각과 다르게 설득당한 사람은 여전히 같은 생각을 하고 있을 것이다.

논쟁에서의 승리는 공허한 승리

|

현명한 정치가이자 학자인 벤자민 프랭클린은 이렇게 말하곤 했다.

"논쟁하고 괴롭히고 반박한다면 때로는 이길 수도 있다. 그러나 결코 상대방의 호의를 끌어낼 수 없기 때문에 공허한 승리가 될 것이다."

당신 스스로를 생각해보아라. 당신은 학문적이며 극적인 승리를 원하는가? 아니면 상대방의 호의를 원하는가? 둘 다 가지기는 힘들다.

당신이 틀릴 수도 있다는 걸 인정한다면

문제에 휩쓸리지 않을 것이다.

논쟁은 부질없는 일이다

|

논쟁을 할 때 당신이 옳을 수도 있다. 그러나 다른 사람의 마음을 바꾸려고 한다면 당신이 옳건 그르건 부질없는 일이다.

오해는 논쟁으로 끝낼 수 없다

부처님은 이렇게 말했다.

"증오는 결코 증오로 끝을 낼 수가 없다. 사랑으로만 끝낼 수 있는 것이다."

오해는 결코 논쟁으로 끝낼 수 없다. 상대방의 의견을 파악하기 위해 기지와 사교 능력을 발휘하고, 위로와 공감을 할 때 비로소 끝낼 수 있는 것이다.

논쟁을 피해야 한다

|

링컨 대통령은 동료와 격렬한 논쟁을 벌이고 있는 한 젊은 장교를 질책한 적이 있다. 그가 말했다.

"자기 자신에 최선을 다하는 사람은 사소한 언쟁을 하는 데 시간을 허비하지 않소. 언쟁은 기분이 상하고 자제력을 잃어버리는 결과만 낳을 뿐이오. 똑같이 옳다면 자네가 양보하시게. 확실히 자네가 옳다고 해도 사소한 일이라면 양보하시게. 개와 싸워 물리는 것보다는 개에게 길을 내주는 것이 낫지 않겠소? 그 개를 죽인다고 해도 물린 상처는 남을 테니 말이오."

그렇다. 논쟁을 이기는 최선의 단 한 가지 방법은 논쟁을 피하는 것이다.

원칙 11

"당신은 틀렸어."라고
절대 말하지 말라

상대방은 반격하고 싶어진다
대립을 일으키는 당신의 한마디
어떤 것을 증명하고 싶다면
진실을 듣고 싶은 사람은 별로 없다
내가 틀릴 수 있음을 인정하자
비난은 마음을 바꾸지 못한다
그들의 감정을 상하게 하지 말라

상대방은 반격하고 싶어진다

|

당신은 말로 하는 것 못지않게 눈빛이나 억양, 몸짓으로도 상대방이 틀렸다는 것을 표현할 수 있다. 상대방이 틀렸다고 말을 한다면 그들이 당신에게 동의할까?

절대 아니다! 당신이 상대방의 지적 능력이나 판단력, 자부심과 자존심에 직접적인 타격을 가했기 때문에 상대방은 반격하고 싶어진다. 상대방은 절대 생각을 바꾸지 않을 것이다. 당신이 아무리 플라톤이나 칸트의 논리를 들이대더라도, 상대방은 이미 기분이 상했기 때문에 의견을 바꾸지 않을 것이다.

대립을 일으키는 당신의 한마디

|

　절대로 "당신에게 무엇무엇을 증명해 보이겠습니다."라고 이야기를 시작하지 말라. 그러는 것은 나쁘다. 그것은 "내가 당신보다 더 똑똑하니, 내 말 한두 마디면 마음을 바꾸게 될 거요."라고 말하는 것과 마찬가지다.

　그것은 도전이다. 그것은 대립을 일으켜 당신이 시작하기도 전에 상대가 당신과 싸우고 싶게 만드는 말이다.

우리는 틀렸을 때 스스로에게는 그 사실을 인정할 수 있다.

그러나 조롱과 비난은 결코 그의 마음을 바꿀 수 없다.

어떤 것을 증명하고 싶다면

|

아무리 친절한 경우라도 사람의 마음을 바꾸는 일은 힘들다. 그런데 왜 더 힘들게 만드는가? 왜 자신을 불리하게 만드는가?

어떤 것을 증명하고 싶다면 아무도 모르게 하라. 아주 치밀하게, 그리고 아주 능숙하게 당신이 하는 일을 아무도 감지하지 못하게 하라.

진실을 듣고 싶은 사람은 별로 없다

|

우리 집 커튼을 제작하려고 인테리어 업자를 고용한 적이 있다. 나는 청구서를 받고 비싼 가격에 깜짝 놀랐다. 며칠 후 한 친구가 우리 집에 들렀다가 커튼을 보았다. 가격을 말했더니 엄청 놀라면서도 의기양양한 어조로 말했다.

"뭐라고? 엄청난데! 유감스럽지만 업자가 널 속인 거 같아."

사실일까? 그렇다. 그녀는 내게 사실을 말해주었다. 하지만 자신의 결정을 깊이 생각해보게 만드는 진실을 듣고 싶어하는 사람은 거의 없다. 나도 인간이기 때문에 나 자신을 방어했다. "물론 가장 좋은 건 가격까지 저렴한 것이겠지만 그런 물건에는 질과 예술적 감각을 기대할 수 없었어."라고 지적하면서 말이다.

다음 날 다른 친구가 집에 들러 커튼을 보고 감탄하며, 형편이 된다면 자기 집에도 저런 아름다운 커튼을 달고 싶다고 말했다. 나의 반응은 전날과는 정말 달랐다.

"사실은 말이야, 나도 그렇게 여유는 없어. 너무 비싸게 주고 사서 지금 좀 후회하고 있어."

내가 틀릴 수 있음을 인정하자

|

당신이 틀릴 수도 있다는 걸 인정한다면 문제에 휩쓸리지 않을 것이다. 그러면 모든 논쟁은 끝날 것이고, 상대방도 당신만큼 공정하고 넓은 마음을 갖고 열린 마음으로 당신을 대할 것이다. 그리고 상대방 역시 자신이 틀릴 수 있다는 것을 인정하게 될 것이다.

비난은 마음을 바꾸지 못한다

|

우리는 틀렸을 때 스스로에게는 그 사실을 인정할 수 있다. 만약 상대방이 다정하고 재치 있게 사실을 알려준다면, 우리는 상대방에게도 그 사실을 인정할 수 있을 것이다. 또한 스스로의 솔직함과 관대함을 자랑스럽게 여기기까지 할 것이다.

그러나 어느 누군가가 불쾌한 사실을 우리 목구멍에 들이밀려고 한다면 상황은 달라진다. 조롱과 비난은 결코 사람의 마음을 바꿀 수 없다.

싸우면 절대 충분히 얻지 못하지만

양보하면 예상했던 것보다 훨씬 많이 얻는다.

그들의 감정을 상하게 하지 말라

|

　기원전 2200년 이집트의 아크토이 왕은 그의 아들에게 몇 가지 예리한 충고를 했다. 그 충고는 오늘날에도 매우 필요한 것이다.

　"외교에 능한 사람이 되거라. 그러면 네가 원하는 걸 얻게 될 것이다."

　고객과 배우자와 상대와 논쟁하지 말라. 그들이 틀렸다고 말하지 말라. 그들의 감정을 상하게 하지 말라. 약간의 외교술을 사용하라. 상대방의 의견에 존중의 뜻을 표하라. "당신은 틀렸어."라고 절대 말하지 말라.

내가 **틀렸다면**
단호하게 **인정**하라

자기비판을 듣는 편이 더 쉽다
당신의 실수에 대해 먼저 말하라
자신의 잘못을 인정하자
적들을 친구로 만드는 비결
스스로에게 정직해지자
빨리 단호하게 잘못을 인정하자

자기비판을 듣는 편이 더 쉽다

|

어차피 비판받을 거라는 걸 안다면, 다른 사람에게 받는 것
보다 스스로 하는 것이 훨씬 낫지 않은가? 모르는 사람에게 받
는 비판을 참아내는 것보다 자기비판을 듣는 편이 더 쉽다.

당신의 실수에 대해 먼저 말하라

|

　다른 사람이 생각하고 말하고 싶어하는, 당신이 알고 있는 당신의 모든 경멸적인 면에 대해 스스로 말하라. 다른 사람이 말할 기회를 얻기 전에 당신이 먼저 말하라.

　그러면 사람들은 십중팔구 관대하고 너그러운 태도로 당신의 실수를 사소하게 여길 것이다.

친절함과 다정함은
분노와 힘보다 늘 강하다.

자신의 잘못을 인정하자

|

어떤 바보라도 자기 실수를 방어하려고 한다. 대부분의 바보들이 그렇게 한다. 하지만 자신의 잘못을 인정하는 것은 사람들 속에서 자신을 드러나 보이게 할 뿐만 아니라, 자신이 고귀하고 의기양양한 기분까지 들게 한다.

적들을 친구로 만드는 비결

|

엘버트 허버드는 나라를 뒤흔든 가장 독창적인 작가 중 한 명이었다. 그의 날카로운 문장은 종종 격렬한 분노를 불러일으켰다. 하지만 허버드는 사람을 다루는 비범한 솜씨로 적들을 친구를 만들고는 했다.

예를 들면 화가 난 독자가 이러이러한 점에는 동의하지 않는다고 편지를 보내온 적이 있는데, 엘버트 허버드는 이렇게 대답했다.

"그러고 보니 저도 저 스스로에게 전적으로 동의하는 건 아닙니다. 어제 쓴 모든 것이 오늘도 마음에 드는 것은 아니니까요. 그 주제에 대해 당신이 어떻게 생각하시는지 알려주셔서 감사합니다. 다음에 근처에 오시게 되면 우리 집에 꼭 들러주십시오. 이 주제에 대해 함께 재검토를 해볼 수 있을 것입니다. 멀리서 악수를 청합니다. 진심을 담아서."

당신은 당신을 이렇게 대하는 사람에게 뭐라고 말하겠는가?

스스로에게 정직해지자

|

우리가 옳을 때는 부드럽고 세련되게 사람들을 우리가 생각하는 방법으로 설득하자. 하지만 놀랍게도 우리가 틀리는 일이 훨씬 자주 일어날 것이다.

우리가 틀렸을 경우 스스로에게 정직하다면 빠르고 단호하게 잘못을 인정하자. 이런 기술은 놀라운 결과를 가져올 뿐만 아니라, 믿기지 않겠지만 그 상황이 자신을 방어하려고 할 때보다 훨씬 더 즐거울 것이다.

빨리 단호하게 잘못을 인정하자

|

"싸우면 절대 충분히 얻지 못하지만 양보하면 예상했던 것보다 훨씬 많이 얻는다."라는 격언을 기억하라.

잘못을 했다면 빨리 단호하게 그 잘못을 인정하라. 그것이 최선이다.

원칙 13

친절하고 상냥한
방법으로 시작하라

주먹을 쥐고 다가가지 말자

그를 사로잡는 꿀 한 방울

다정함은 분노보다 늘 강하다

친절함과 다정한 접근과 칭찬

주먹을 쥐고 다가가지 말자

|

흥분해서 사람들에게 말하고 나면, 당신은 기분이 좀 나아질 것이다. 하지만 상대방은 어떻겠는가? 상대방도 당신처럼 즐거울까? 당신의 공격적인 목소리와 적대적인 태도에 상대방이 당신에게 쉽게 동의할까? 윌슨 대통령은 이렇게 말했다.

"당신이 주먹을 쥐고 내게 다가온다면, 나는 당신보다 더 빠르게 주먹을 쥘 것이오. 하지만 당신이 내게 다가와 '우리 앉아서 함께 논의해봅시다. 우리가 서로 다르다면 왜 그런지, 문제점은 무엇인지 알아봅시다.'라고 말을 건다면, 우리는 당장 어떤 사실을 알게 될 것이오. 우리는 결국 멀리 떨어져 있지 않고 다른 부분이 거의 없고 의견을 같이하는 부분이 많아서, 인내와 솔직함, 함께하려는 바람만 있으면 서로 화합할 수 있다는 사실을 말이오."

사람들과 대화할 때 의견이 같은 부분을

먼저 강조하고 또 강조하라.

그를 사로잡는 꿀 한 방울

한 사람의 마음이 당신을 향해 반감과 적대감으로 들끓고 있다면, 당신은 그 어떤 논리를 들이밀어도 그를 설득할 수 없다. 꾸짖는 부모, 군림하는 상관과 남편, 바가지 긁는 아내는 사람들이 마음을 바꾸고 싶어하지 않는다는 것을 깨달아야 한다. 우리가 동의하도록 강제로 끌고 갈 수는 없다.

다만 우리가 진심으로 친절하고 상냥하게 대한다면 어쩌면 가능할 수도 있다. 실제로 링컨 대통령은 백 년도 전에 이렇게 말했다.

"꿀 한 방울이 쓸개즙 1갤런보다 더 많은 파리를 잡는다."

이 말은 오래되고 참된 격언이다. 상대방을 설득하고 싶다면 먼저 상대방에게 당신이 진정한 친구임을 확신시켜주어라. 그 안에 상대방의 마음을 사로잡는 꿀 한 방울이 있다. 그렇게 하면 당신이 무슨 말을 하든 상대방의 이성에 호소할 수 있을 것이다.

다정함은 분노보다 늘 강하다

오래 전 미주리 북서부에 있는 숲에서 학교까지 맨발로 다니던 소년이었을 때, 나는 『태양과 바람』이라는 우화를 읽었다. 태양과 바람은 누가 더 힘이 센지 다투고 있었다. 바람이 말했다.

"내가 증명해 보이지. 저 아래 외투를 걸치고 가는 늙은 남자가 보이지? 틀림없이 내가 너보다 더 빨리 저 남자의 외투를 벗길 수 있을 걸."

그래서 태양은 구름 뒤에 숨었고, 바람은 거의 회오리바람같이 불어댔다. 하지만 바람이 강해지면 강해질수록 남자는 외투를 더욱더 움켜쥐었다.

결국 바람은 잠잠해졌고 포기했다. 그런 뒤 태양이 구름 뒤에서 나와 남자에게 다정한 미소를 보냈다. 남자는 이마의 땀을 훔치며 외투를 벗었다. 그러자 태양이 바람에게 말했다.

"친절함과 다정함은 분노와 힘보다 늘 강하단다."

친절함과 다정한 접근과 칭찬

|

기원전 600년경 그리스의 이솝은 크로이소스 궁전에서 노예로 살면서 수많은 우화를 지었다. 그가 가르친 인간본성에 대한 진리는 2,600년 전 아테네에서뿐만 아니라 지금의 보스턴과 버밍햄에서도 적용된다.

태양은 바람보다 더 빨리 당신의 외투를 벗길 수 있다. 친절함과 다정한 접근과 칭찬은 고함이나 분노보다 훨씬 빨리 사람들의 마음을 바꿀 수 있다. 친절한 방법으로 시작하라.

원칙 14

처음부터 상대방이
"네."라고 말하게 하라

의견이 같은 부분을 강조하라

소크라테스식 문답법을 익히자

긍정의 대답을 얻는 질문

의견이 같은 부분을 강조하라

|

　사람들과 대화할 때 상대방과 당신이 다른 부분부터 이야기를 시작하지 말라. 의견이 같은 부분을 먼저 강조하고 또 강조하라. 가능하다면 서로가 같은 것을 목표로 하고 있고, 단지 차이점은 목적이 아니라 방법이라는 것을 계속 강조하라.

　처음부터 상대방이 "네."라고 말하도록 만들어라. 가능하면 상대방이 "아니오."라고 말하지 않게 하라.

소크라테스식 문답법을 익히자

|

　'아테네의 잔소리꾼' 소크라테스는 세계적인 위대한 철학자 중의 한 사람이다. 그는 역사상 단지 몇 안 되는 사람들만 할 수 있는 일을 했다. 인간의 사고방식을 통째로 바꾼 것이다. 그가 죽은 지 2,400년이 지난 지금도 논쟁적인 이 세상에 영향력을 미치는 가장 현명한 설득자 중 한 명으로 존경받고 있다.

　그는 어떤 방법을 썼을까? 사람들에게 틀렸다고 말했을까? 그렇지 않다. 소크라테스는 훨씬 노련했다. '소크라테스식 문답법'이라고 불리는 그의 기술은 "네."라는 대답을 얻는 것에 기초를 두고 있다.

　그는 상대가 동의할 수 있는 질문을 던졌다. "네."라는 대답을 충분히 들을 때까지 여러 가지 질문으로 계속 설득했다. 조금 전까지 상대가 격렬히 부정하던 결론을 받아들일 때까지 끊임없이 질문을 던진 것이다.

상대방이 자신의 생각을 충분히 말할 수 있도록
마음을 열고 참을성 있게 경청하라.

긍정의 대답을 얻는 질문

|

앞으로 우리가 다른 사람에게 틀렸다고 말하고 싶을 때가
오면 늙은 소크라테스를 기억하자. 그리고 부드럽게 질문하자.
"네."라는 대답을 얻을 수 있는 질문을 말이다.

중국에는 오래된 동양의 지혜를 담고 있는 속담이 있다.

"부드럽게 걸어가는 사람이 더 멀리 간다."

원칙 15

상대방이
더 많이 말하게 하라

상대방이 더 많이 말하도록 하라
끼어들지 말고 경청하라
친구가 당신을 넘어서게 하라

상대방이 더 많이 말하도록 하라

|

대부분의 사람들은 상대방을 설득하려고 할 때 너무 많은 말을 한다. 상대방이 더 많이 말하도록 하라.

그들은 자신의 사업이나 문제를 당신보다 훨씬 잘 알고 있다. 그러니 그들에게 질문을 하라. 그들이 당신에게 말하도록 하라.

끼어들지 말고 경청하라

|

상대방의 생각에 동의하지 않는다면 끼어들고 싶을 것이다. 하지만 그렇게 하지 말라. 위험한 일이다. 상대방이 하고 싶은 말이 많이 남았다면 당신에게 주의를 기울이지 않을 것이다.

그러니 마음을 열고 참을성 있게 경청하라. 그리고 진심으로 대하라. 상대방이 자신의 생각을 충분히 말할 수 있도록 격려하라.

상대방의 협력을 이끌어내고 싶다면
상대에게 내 의견을 강요하지 말라.

친구가 당신을 넘어서게 하라

|

    친구들조차 우리의 성공담을 듣는 것보다 자신의 성공담을 이야기하는 것을 더 좋아한다. 프랑스의 철학자 라 로슈푸코는 "적을 만들고 싶으면 친구를 넘어서고, 친구를 만들고 싶으면 친구가 당신을 넘어서게 하라."라고 말했다.

    왜 그럴까? 친구가 우리를 넘어서면 친구는 자신이 중요하다고 느끼기 때문이다. 하지만 우리가 친구를 넘어서면 친구는 열등감을 느끼고 우리를 질투할 것이다.

그가 **아이디어**를
생각했다고 느끼게 하라

상대에게 의견을 강요하지 말라

현자는 사람들 아래와 뒤에 있다

상대에게 의견을 강요하지 말라

|

상대방의 협력을 이끌어내고 싶은가? 그렇다면 상대방이 스스로 아이디어를 생각해냈다고 느끼게 하라.

당신은 은으로 된 접시에 담아 건네받은 아이디어보다 당신 스스로가 발견한 아이디어를 더 신뢰하지 않은가? 그렇다면 상대방의 목구멍에 당신의 의견을 쑤셔 넣으려고 하는 것은 잘못된 판단이 아닌가? 제안만 하고 상대방이 스스로 결론을 내릴 수 있도록 하는 것이 더 현명하지 않은가?

인간관계의 성공은

상대방의 관점을 얼마나 공감하는가에 달려 있다.

현자는 사람들 아래와 뒤에 있다

|

　2,500년 전 중국의 현자 노자는 이 책을 읽는 오늘날의 독자들에게도 통용될 다음과 같은 말을 남겼다.

　"강과 바다가 수많은 산골짜기 시냇물의 존경을 받는 이유는 강과 바다가 낮은 곳에 있기 때문이다. 그리하여 강과 바다는 모든 산골짜기 시냇물을 지배할 수 있는 것이다. 그러니 현자는 사람들 위에 있고 싶지만 사람들 아래에 있고, 사람들 앞에 있고 싶지만 사람들 뒤에 있는 것이다. 따라서 현자는 사람들 위에 있을지라도 무게가 느껴지지 않고, 사람들 앞에 있을지라도 상처를 주지 않는다."

원칙 17

상대방의 입장에서
사물을 보자

그를 이해하도록 노력하라
상대방의 입장에서 생각하자
상대방의 관점에 공감하자
누군가에게 무슨 일을 시킬 때
상대방의 관심에 대해 잘 모를 때
기적을 가져다줄 단 하나의 비결

그들을 이해하도록 노력하라

|

상대방이 완전히 틀릴 수도 있지만 그들은 그렇게 생각하지 않는다는 것을 기억하라. 그렇다고 그들을 비난하지 말라.

어떤 바보도 비난은 할 수 있다. 그들을 이해하도록 노력하라. 참을성 있고 현명하고 특출한 사람만이 그렇게 하려고 노력한다.

상대방의 입장에서 생각하자

|

　상대방의 생각과 행동에는 나름의 이유가 있다. 그 이유를 찾으면 당신은 그 사람의 행동과 인간성에 대한 열쇠를 가지게 되는 것이다. 진심으로 상대방의 입장에서 생각하도록 노력하라.

　"내가 그 사람의 입장이라면 어떻게 느끼고 어떻게 반응할까?"라는 질문을 스스로에게 한다면, 당신은 시간을 아끼고 화내는 일도 없을 것이다. 원인에 대해 관심을 갖게 되면 결과를 싫어할 가능성이 줄어들기 때문이다. 게다가 인간관계 기술이 급격히 늘어나게 될 것이다.

다른 사람을 설득하고 싶다면 이것만 실천하면 된다.
상대방의 생각과 욕구에 공감하라.

상대방의 관점에 공감하자

|

케네스 구드는 그의 저서 『사람을 황금으로 만드는 법』에서 이렇게 말했다.

"잠깐 멈춰라. 잠깐 멈추고, 자신의 일에 열정적으로 관심을 갖고 있는 것과 어떤 일에는 관심을 조금만 보이는 차이를 생각해보라. 세상 모든 사람이 분명히 같은 식으로 느끼고 있다는 것을 깨달아야 한다. 그러면 당신은 링컨 대통령과 루스벨트 대통령처럼 대인관계에 대한 견실한 기초를 갖게 될 것이다. 다시 말해 인간관계의 성공은 상대방의 관점에 얼마나 공감하는가에 달려 있다."

누군가에게 무슨 일을 시킬 때

|

누군가에게 불을 끄라고 하거나 물건을 사라고 하거나 자선 단체에 기부를 하라고 할 때, 잠시 멈춰 눈을 감고 상대방의 입장에서 생각해보는 것이 어떨까? 그리고 스스로에게 물어라.

"상대방이 왜 그 일을 하고 싶어해야 하지?"

사실 이 과정은 시간이 걸린다. 그러나 이렇게 하면 적을 만들지 않고 마찰을 줄이며 발품을 덜 팔고도 좋은 결과를 얻을 수 있다.

상대의 관심에 대해 잘 모를 때

|

하버드대학교 경영대학원의 딘 도넘은 이렇게 말했다.

"나는 내가 무슨 말을 할 것인지, 상대방의 관심과 동기에 대해 내가 아는 한 상대방이 어떤 대답을 할 것인지 명확하게 떠오르지 않을 때는, 사무실에 올라가지 않고 면담 전 2시간 정도 상대방의 사무실 앞 인도를 걸어 다니는 편이 낫다."

이것은 매우 중요하기 때문에 강조하기 위해서 다시 한 번 말하겠다.

"나는 내가 무슨 말을 할 것인지, 상대방의 관심과 동기에 대해 내가 아는 한 상대방이 어떤 대답을 할 것인지 명확하게 떠오르지 않을 때는, 사무실에 올라가지 않고 면담 전 2시간 정도 상대방의 사무실 앞 인도를 걸어 다니는 편이 낫다."

기적을 가져다줄 단 하나의 비결

|

이 책을 읽고 나서 단 한 가지만 얻는다면, 즉 항상 다른 사람의 입장에서 생각하고 자신의 관점뿐만 아니라 다른 사람의 관점에서 사물을 보는 성향이 증가한다면, 당신은 사회생활의 기초가 되는 디딤돌을 얻게 되는 것이다.

상대방의 입장에서 사물을 보려고 진심으로 노력하라. 그러면 기적을 가져다줄 것이다.

원칙 18

상대방의 생각과
욕구에 공감하라

당신처럼 했을 겁니다
그가 그렇게 하는 덴 이유가 있다
사람들은 공감에 굶주려 있다
불행에 대한 자기 연민
그의 생각과 욕구에 공감하라

당신처럼 했을 겁니다

|

　논쟁을 멈추게 하고, 반감을 없애주고, 호의를 불러일으키고, 상대방이 주의 깊게 경청하게 하는 마법 같은 말을 알고 싶지 않은가? 그런가? 좋다. 여기에 그 말이 있다.

　"저는 당신이 그렇게 한 것에 대해 조금도 탓하지 않습니다. 제가 당신이었더라도 틀림없이 당신처럼 했을 겁니다."

　이런 대답은 고약한 늙은 악당도 부드럽게 만들 것이다. 실제로 당신이 상대방이었다면 그렇게 느꼈을 것이기 때문에 당신은 모든 진심을 담아 그렇게 말할 수 있다.

사실 당신이 만나는 모든 사람들은

아주 좋은 사람이 되고 싶어한다.

그가 그렇게 하는 덴 이유가 있다

|

당신이 하는 행동에는 이유가 있고, 당신에게 화내고 편견을 가지고 비이성적으로 행동하는 사람들도 그렇게 하는 데는 이유가 있다는 사실을 명심하라. 불쌍한 악마를 가엾게 여겨라.

그들을 동정하라. 그들에게 공감하라. 스스로에게 "신의 은총이 없었다면 나도 저렇게 되었을 것이다."라고 말하라.

사람들은 공감에 굶주려 있다

|

당신이 만나게 될 사람들의 대부분은 공감에 굶주리고 목말라 있다. 그들에게 그것을 주어라. 그러면 그들은 당신을 사랑하게 될 것이다.

불행에 대한 자기 연민

|

아서 게이츠 박사는 그의 저서 『교육 심리학』에서 이렇게 말했다.

"인류는 일반적으로 공감을 갈망한다. 아이들은 상처를 보여주고 싶어한다. 더 많은 공감을 받으려고 일부러 상처를 내거나 멍들게 하는 경우도 있다. 어른들 역시 멍든 곳을 보여주기도 하고, 자신이 겪은 사고나 아픔을 이야기하며, 특히 수술받은 것은 상세하게 이야기한다. 현실이건 상상이건 불행에 대한 '자기 연민'은 사실상 세상에 널리 퍼져 있는 것이다."

그의 생각과 욕구에 공감하라

|

다른 사람을 설득하고 싶다면 이것만 실천하면 된다. 상대
방의 생각과 욕구에 공감하라. 이것이 전부다.

고상한 이유에
호소하라.

좋은 사람이 되고 싶은 사람들
고상한 이유에 호소하자

좋은 사람이 되고 싶은 사람들

|

나는 제시 제임스가 살던 미주리 주의 변두리에서 자랐다. 내가 커니에 있는 제임스의 농장에 들렀을 때 거기에는 제시 제임스의 아들이 살고 있었다.

그의 부인은 내게 제시가 어떻게 기차를 훔치고 은행을 털어 이웃 농부들이 대출금을 갚도록 돈을 전달했는지 자세하게 이야기해주었다.

제시 제임스는 아마 마음속으로 자신을 다음 세대에 등장할 '대부'들, 예를 들어 더치 슐츠나 쌍권총 크로울리, 알카포네와 같은 이상주의자로 생각했던 것 같다. 사실 당신이 만나는 모든 사람들은 스스로를 아주 존경하고 있고, 이기적이지 않은 좋은 사람이 되고 싶어한다.

지금은 연출의 시대다.

주목을 받고 싶다면 연출의 힘을 활용하라.

고상한 이유에 호소하자

|

J. P. 모건은 사람들이 행동을 하는 것에는 보통 2가지 이유가 있다고 말했다. 하나는 그럴싸한 이유, 또 하나는 진짜 이유다.

사람들 스스로가 진짜 이유를 생각할 것이다. 그러니 당신이 굳이 그것을 강조할 필요는 없다. 하지만 우리는 모두 내심은 이상주의자이기 때문에 그럴싸한 이유를 생각하고 싶어한다. 만약 사람을 변화시키려면 그 고상한 이유에 호소해야 한다. 그것이 모두가 좋아하는 호소법이다.

원칙 20

당신의 생각을
극적으로 보이게 하라

주목을 받고 싶다면 연출을 하라

연출의 힘을 활용하라

주목을 받고 싶다면 연출을 하라

영화도 하고 TV도 하는 그것을 당신도 해보는 건 어떨까? 당신의 생각을 극적으로 보이게 하자.

지금은 연출의 시대다. 사실만 피력하는 것으로는 충분하지 않다. 사실을 생생하고 재미있고 인상적으로 만들어야 한다. 또한 쇼맨십을 발휘해야 한다. 영화도 TV도 그렇게 한다. 주목을 받고 싶다면 당신도 그렇게 해야 한다.

연출의 힘을 활용하라

|

쇼윈도 디스플레이 전문가들은 연출의 힘을 알고 있다. 예를 들어 새로운 쥐약을 만든 회사는 살아 있는 쥐 2마리를 쇼윈도에 전시하도록 했다. 그러자 전시 주간에는 평소보다 5배나 판매가 늘어났다.

당신도 그렇게 할 수 있다. 조금만 신경을 쓰자.

원칙 21

특출나고 싶은
욕망을 자극하라

경쟁심을 자극하자
도전은 인간의 삶을 바꾼다
중요한 사람이 되고 싶은 욕망

경쟁심을 자극하자

|

기업가 찰스 슈워브는 이렇게 말했다.

"일을 해내게 하는 방법은 경쟁심을 자극하는 것이다. 여기서 경쟁심이란 비도덕적이거나 탐욕스러운 방법을 의미하는 것이 아니라 특출나고 싶은 욕망 속에 담긴 경쟁심을 말하는 것이다. 특출나고 싶은 욕망! 도전! 도전하는 것! 투지가 있는 사람들에게 호소할 수 있는 확실한 방법이다."

일을 해내게 하는 방법은

특출나고 싶은 욕망 속에 담긴 경쟁심을 자극하는 것이다.

도전은 인간의 삶을 바꾼다

|

도전이 없었다면 시어도어 루스벨트는 미국의 대통령이 되지 못했을 것이다. 러프라이더 기병대장이었던 루스벨트는 쿠바에서 돌아오자마자 뉴욕주지사로 선출되었다.

선출되기 전 반대파들은 루스벨트가 더이상 합법적인 뉴욕 거주민이 아님을 알아냈고, 겁먹은 루스벨트는 사퇴하고 싶어 했다. 그러자 뉴욕 출신 상원의원인 토마스 플랫이 도전정신을 자극했다. 그는 루스벨트에게 갑자기 몸을 돌리더니 우렁차게 외쳤다.

"산후안 힐의 영웅이 겁쟁이란 말이오?"

루스벨트는 싸우기로 결심했고 나머지 이야기는 역사 그대로다. 도전은 그의 삶을 바꿔놓았을 뿐만 아니라 미국의 역사에 실질적인 영향을 미쳤다.

중요한 사람이 되고 싶은 욕망

|

파이어스톤 타이어 앤드 러버의 설립자인 하비 파이어스톤은
이렇게 말했다.

"결코 돈만으로 훌륭한 인재들을 데려오거나 잡아둘 수 없
다는 걸 알았다. 중요한 건 게임 그 자체다."

성공한 사람들이라면 누구나 좋아하는 것이 있다. 게임, 자
기표현의 기회, 자신의 가치를 증명하고 특출날 수 있고 승리할
수 있는 기회다. 도보 경주나 고함지르기 대회, 파이 먹기 대회
를 하는 것도 그 이유에서다. 특출나고 싶은 욕망, 중요한 사람
으로 느껴지고 싶은 욕망 말이다.

—
4부

리더로서
상대를
변화시키는 방법

흠을 잡으려면
칭찬과 공감으로 시작하라

칭찬하는 말이 먼저다

상대방의 실수를 간접적으로 알려주어라.

그것이 바로 미움받지 않고 비판하는 비결이다.

칭찬하는 말이 먼저다

|

　내 친구 중에 캘빈 쿨리지 정부 시절 백악관에서 주말을 보내게 된 친구가 있었다. 그 친구가 대통령의 개인 집무실에 들어갔을 때 대통령이 비서에게 말하는 소리를 들었다.

　"오늘 입은 드레스가 참 멋지군요. 당신은 아주 젊고 매력적인 여성이에요."

　이 말은 '침묵의 캘빈'이라 불리던 대통령이 비서에게 건넨 최고의 칭찬이었을 것이다. 아주 이례적이고 예상 밖의 일이어서 비서는 당황해 얼굴이 빨개졌다. 그러자 그가 말했다.

　"거만해지지는 말아요. 난 단지 기분 좋으라고 한 말이니까. 앞으로는 구두법에 좀더 신경 써주길 바라오."

　조금 뻔한 방법이기는 하나 심리적으로는 최고의 방법이었다. 우리는 자신의 장점을 칭찬하는 말을 듣고 나면 불편한 이야기도 좀더 쉽게 경청할 수 있다.

상대방의 실수를 간접적으로 알려주어라

미움받지 않고 비판하는 비결

미움받지 않고 비판하는 비결

|

1887년 3월 8일 유창한 설교가 헨리 워드 비처 목사가 사망했다. 그 다음 주 일요일 라이먼 애버트 목사는 비처의 죽음으로 공석이 된 연단에서 설교를 해달라는 요청을 받았다. 그는 프랑스의 작가 귀스타브 플로베르가 그랬던 것처럼 최선을 다해 꼼꼼하게 설교문을 쓰고 고치고 다듬었다. 그런 다음 부인에게 그 원고를 보여주었다. 대개 글로 된 연설문이 그렇듯 그 설교문도 형편없었다. 판단력이 없는 부인이었다면 이렇게 말했을 것이다.

"라이먼, 이 원고는 엉망이에요. 이렇게 하면 절대 안 돼요. 사람들이 다 자겠어요. 백과사전을 읽는 것 같다니까요. 그렇게 오래 설교를 해왔는데 이보다는 나아야죠. 제발 사람이 하는 것처럼 말하는 게 어때요? 자연스럽게 하는 건 어때요? 이런 걸 읽었다간 망신거리가 될 거예요."

만약 그녀가 이렇게 말했다면 무슨 일이 일어날지는 뻔하다.

그녀 역시 잘 알고 있었다. 그래서 그녀는 〈노스 아메리칸 리뷰〉에 실으면 최고일 거라는 것만 말해주었다. 다시 말하면 그녀는 그 설교문을 칭찬했고 동시에 설교문으로는 적합하지 않다는 사실을 교묘하게 알려준 것이다. 라이먼 애버트는 그 점을 이해했고 그가 정성을 다해 준비한 원고를 찢어버렸다. 그리고 원고 없이 설교를 했다.

상대의 실수를 바로잡기 위한 효과적인 방법은 간단하다. 상대방의 실수를 간접적으로 알려주어라. 그것이 바로 미움받지 않고 비판하는 비결이다.

그를 비판하기 전에
내 잘못부터 말하라

실수를 지적하고 싶을 때
겸손과 칭찬이 기적을 부른다

실수를 지적하고 싶을 때

|

조카 조세핀 카네기가 나의 비서가 되려고 뉴욕으로 왔다. 그녀는 19살이었고 3년 전에 고등학교를 졸업했으며 사회경험은 거의 없었다. 그녀는 현재 수에즈 서부에서 가장 유능한 비서가 되었지만 처음에는 고칠 점이 많았다. 어느 날 내가 조세핀을 비판하려고 했을 때 나는 먼저 스스로에게 물어보았다.

'잠깐, 데일 카네기. 잠깐만. 너는 조세핀보다 2배나 나이가 많아. 사회경험은 만 배나 많지. 사실 별것도 아닐 수 있는 너의 관점이나 판단, 결단력을 그녀에게 어떻게 기대할 수 있지? 잠깐만, 데일. 너는 19살에 뭘 했지? 터무니없이 저지른 실수들을 기억해? 이렇게 저렇게 했던 너의 시간들을 기억해?'

이 문제를 정직하고 공평하게 심사숙고한 끝에 나는 19살 조세핀의 타율이 나의 19살보다 낮다는 결론을 내렸다. 부끄러운 고백이지만 나는 조세핀에게 칭찬도 많이 해주지 못했다.

그래서 그 이후로 나는 조세핀의 실수를 지적하고 싶을 때 이렇게 말을 시작하곤 했다.

"조세핀, 실수를 했구나. 하지만 하느님은 내가 저질렀던 수 많은 실수보다 네 실수가 덜하다는 걸 알고 계셔. 판단력은 가 지고 태어나는 게 아니잖아. 그건 경험을 통해 얻어지는 거야. 너는 내가 그 나이였을 때보다 훨씬 낫단다. 나는 정말 바보 같 은 일을 많이 저질렀거든. 그래서 너나 다른 사람들을 비판하고 싶지는 않아. 하지만 네가 이렇게 저렇게 했다면 좀더 현명한 일 이었으리라 생각하지 않니?"

자신을 낮추고 상대방을 칭찬하는 몇 마디의 말이

인간관계에서 진정한 기적을 일으킬 것이다.

겸손과 칭찬이 기적을 부른다

만약 지적하는 사람이 자신 또한 흠이 많다고 겸손하게 인정하면서 말을 시작한다면, 당신의 잘못을 장황하게 설명한다 해도 그 말을 경청하는 일이 그리 어렵지는 않을 것이다.

자신을 낮추고 상대방을 칭찬하는 몇 마디의 말이 거만한 황제를 믿음직한 친구로 만들 수 있다면, 겸손과 칭찬이 우리의 일상 속 만남에서 얼마나 중요한지 상상해보라. 제대로 사용한다면 겸손과 칭찬은 인간관계에서 진정한 기적을 일으킬 것이다.

직접 명령하지 말고
질문을 하라

그들이 하게 기회를 주자
명령받기 좋아하는 사람은 없다

그들이 하게 기회를 주자

|

　나는 언젠가 미국의 전기작가의 원로인 아이다 타벨 여사와 즐거운 저녁식사를 한 적이 있다. 나는 그녀에게 이 책을 쓰고 있다고 말했고, 우리는 사람들과 잘 지내는 법이라는 중요한 주제에 대해 이야기하기 시작했다. 그녀는 오웬 영의 자서전을 쓸 당시 이야기를 나에게 해주었다.

　그녀는 영과 같은 사무실에서 3년 동안 근무한 남자를 인터뷰했다. 그 남자는 자신이 근무하던 동안 오웬 영이 누군가에게 직접 명령을 하는 것을 들어 본 적이 없다고 단언했다. 그는 항상 명령이 아니라 제안을 했다.

　이를테면 오웬 영은 "이러시오, 저러시오." "이러지 마시오, 저러지 마시오."라는 말을 결코 한 적이 없다. 그는 "이런 걸 고려해보세요." "그건 어떻게 될 것 같아요?"라고 말했다. 또한 편지를 받아쓰게 한 후에 "당신은 어떻게 생각하세요?"라고 자주 말했다. 비서 중 한 명이 쓴 편지를 검토하고 나서 "우리가 이 문장을 이렇게 바꾸면 더 나아질 것 같아요."라고 말하기도 했다.

그는 항상 사람들이 스스로 할 수 있도록 기회를 주었다. 절대 비서들에게 명령을 하지 않았고, 그들이 하게 두었으며, 그들이 실수를 통해서 배울 수 있도록 했다.

항상 사람들에게 명령이 아닌 제안을 하라.

그리고 그들이 스스로 할 수 있도록 두어라.

명령받기 좋아하는 사람은 없다

|

　명령하지 않고 스스로 할 수 있도록 하는 기술은 사람들이 잘못을 쉽게 고칠 수 있게 한다. 또한 사람들의 자존심을 지켜주고 자신이 중요한 사람임을 느끼게 만든다. 그리하여 반항 대신 협력을 이끌어낸다. 명령받기를 좋아하는 사람은 없다.

상대방의
체면을 세워주어라

상대방의 체면을 세워주는 것
사려 깊은 말 한두 마디의 힘

상대방의 체면을 세워주는 것

|

상대방의 체면을 세워주는 것은 중요하고도 지극히 중요한 일이다. 그리고 정말 소수만이 이것에 대해 곰곰이 생각한다.

상대방의 태도에 대한 진심 어린 이해는

마음의 상처를 완화시켜준다.

사려 깊은 말 한두 마디의 힘

|

우리는 상대방의 감정을 함부로 대하고, 자기 마음대로 하고, 실수를 찾아내고, 위협하고, 사람들 앞에서 아이나 종업원을 꾸짖는다. 상대방의 자존심이 다치는 것은 생각하지도 않는다. 반면 잠깐의 생각이나 사려 깊은 말 한두 마디, 상대방의 태도에 대한 진심 어린 이해는 마음의 상처를 완화시켜준다.

직원을 질책하거나 해고하는 등의 달갑지 않은 일을 겪게 될 때 이 점을 꼭 기억하자.

원칙 27

칭찬이 사람을
성공으로 이끈다

진전이 조금만 있어도 칭찬하자
그들을 완전히 바꿀 수 있다
격려가 잠재력을 깨운다
그 어떤 발전도 후하게 칭찬하라

진전이 조금만 있어도 칭찬하자

|

피트 발로우는 내 오랜 친구였다. 그는 동물극 공연을 하면서 평생을 서커스와 버라이어티 쇼를 하며 돌아다녔다. 나는 피트가 연극에 세울 새로운 개들을 훈련시키는 걸 보는 게 좋았다. 개가 조금이라도 진전이 있으면 피트는 쓰다듬고 칭찬해주며 고기를 주는 등 아주 수선스러웠다.

이는 새로운 것이 아니다. 동물 조련사들은 수백 년 동안 이 같은 기술을 사용해왔다.

개를 변화시킬 때 사용하는 이 방법을 왜 사람들을 변화시킬 때 사용하지 않는 걸까? 왜 우리는 채찍 대신에 고기를 사용하지 않는 걸까? 왜 우리는 비난 대신 칭찬을 하지 않는 걸까? 진전이 조금만 있어도 칭찬하자. 그러면 상대는 계속해서 나아지려고 노력한다.

그들을 완전히 바꿀 수 있다

사람을 변화시키는 것에 대해 이야기해보자. 만약 당신과 내가 만나는 사람들에게 그들이 가지고 있는 숨은 보물을 깨달을 수 있도록 영감을 준다면, 우리는 사람을 바꾸는 일보다 더한 일을 할 수 있다. 우리는 문자 그대로 그들을 완전히 탈바꿈시킬 수 있다.

터무니없는 과장 같은가? 그렇다면 미국의 위대한 심리학자이자 철학자인 윌리엄 제임스의 지혜로운 말을 들어보자.

"우리가 가지고 있는 것에 비하면 우리는 반만 깨어 있다. 우리는 우리의 육체적·정신적 자원의 극히 일부만 사용하고 있다. 대체로 인간 개개인은 자신의 한계에서 동떨어져 살고 있다. 하지만 인간은 습관적으로 사용하지 못하고 있는 다양한 종류의 능력을 가지고 있다."

더 나은 리더가 되고 싶다면
칭찬이 결정적으로 중요하다.

격려가 잠재력을 깨운다

|

이 책을 읽고 있는 당신은 습관적으로 사용하지 못하고 있는 다양한 능력을 가지고 있다. 그리고 당신이 충분히 발휘하지 못하는 능력 중 하나는 사람들을 칭찬하고 영감을 주어 그들의 잠재능력을 깨닫게 하는 마법의 능력이다.

그런 능력은 비판 속에서는 시들지만 격려 속에서는 꽃을 피운다.

그 어떤 발전도 후하게 칭찬하라

|

더 나은 리더가 되고 싶은가? 칭찬이 결정적으로 중요하다.
조금의 진전이 있어도 칭찬하라. 어떤 발전이라도 칭찬하라.
진심으로 인정하고 후하게 칭찬하라.

원칙 28

상대방에게
부응할 수 있는 호평을 하라

사람은 호평에 부응한다
상대방을 확실히 바꾸는 비결

사람은 호평에 부응한다

|

옛말에 "미친개라고 부르면 그 개를 목매다는 것과 같다."라는 말이 있다. 그렇다면 좋은 이름을 지어준다면 어떤 일이 일어나겠는가!

브루클린에서 4학년을 담당하고 있는 루스 홉킨스 선생님은 개학날 반 학생들의 명단을 보고서, 새 학기라 흥분되고 기대되던 마음이 걱정으로 바뀌었다. 그녀의 반에 타미라는 학교에서 가장 말썽꾸러기가 온 것이다. 타미의 3학년 담임선생님은 규칙도 지키지 않고 누구의 말도 듣지 않는다고 타미에 대한 불평을 끊임없이 했었다.

타미는 단순한 장난꾸러기가 아니었다. 남학생들과 주먹질을 하고, 여학생들을 울리고, 선생님에게 반항하는 등 심각한 문제를 여러 번 일으켰다. 그리고 커가면서 더 심각해지는 것 같았다. 반면에 타미는 무엇이든지 빨리 습득하는 능력을 가지고 있어 학교 공부는 쉽게 배웠다.

홉킨스 선생님은 문제아 타미를 직접 대면하기로 했다. 반 학생들과 첫인사를 할 때 선생님은 학생들 하나하나에게 조언을 했다.

"로지, 오늘 입은 원피스가 참 예쁘구나." "알리시아, 그림을 아주 잘 그린다고 들었어."

타미 차례가 되었을 때, 선생님은 타미의 눈을 똑바로 바라보며 말했다.

"타미, 선생님은 네가 타고난 리더라고 생각해. 난 올해 우리 반을 최고의 반으로 만들기 위해 네 도움에 의지할 거야."

선생님은 처음 며칠 동안은 타미가 하는 일마다 칭찬을 했고 타미가 얼마나 좋은 학생인지 이야기해주었다. 타미는 평판에 부응해 19살이 되어서도 선생님의 기대를 저버리지 않았다.

상대방을 확실히 바꾸는 비결

|

　상대방의 태도나 행동을 바꾸는 어려운 리더 역할을 초월하고 싶다면 이렇게 하라.

　상대방에게 부응할 수 있는 좋은 평을 하라. 그러면 상대방은 반드시 바뀐다.

원칙 29

그를 발전시키려면
격려를 아끼지 말라

그가 노력하고 싶게 만들자
노력하는 모든 의지를 격려하자
다른 사람의 발전을 돕고 싶다면

그가 노력하고 싶게 만들자

|

40살의 노총각인 내 친구가 약혼을 하고 약혼녀의 설득으로 때늦게 춤을 배우게 되었다. 친구가 나에게 이야기를 털어놨다.

"하느님은 내가 춤을 배울 필요가 있다는 걸 알고 계셔. 내가 처음 춤을 배운 것은 20년 전이야. 내가 만난 첫 번째 선생님은 나에게 진실을 알려주었지. 선생님은 내가 전부 틀렸다고 말했어. 나는 모든 걸 잊어야 했고 다시 시작해야 했지. 하지만 하고 싶은 마음이 사라지더라고. 그래서 그만뒀어.

그다음 선생님은 거짓말을 했을지도 몰라. 하지만 나는 그게 좋았어. 선생님은 태연하게 내 춤이 조금 촌스럽기는 하지만 기본적인 건 모두 좋다고 했지. 그리고 새로운 동작 몇 개만 배우면 문제가 없을 거라고 말했지. 첫 번째 선생님은 나의 실수를 강조해서 내 사기를 꺾고 말았어. 하지만 두 번째 선생님은 반대였지. 그녀는 내가 제대로 한 것에는 칭찬을 아끼지 않았고 내 실수는 줄여서 이야기했어. '당신은 리듬감을 타고났어요. 당

신은 정말 선천적인 춤꾼이에요.'라고 말이지. 지금 내 수준에
서 볼 때 나는 늘 4류 춤꾼이었고 앞으로도 늘 4류라고 생각해.
하지만 내 마음속에서는 선생님의 말이 맞을 수도 있다고 생각
하는 게 좋거든. 솔직히 말하면 내가 수업료를 내니까 그런 말
을 하는 거겠지만 굳이 그걸 왜 들춰내겠나?

　선생님이 나에게 리듬감을 타고났다고 말해주지 않았다면
지금처럼 나아지지도 않았겠지. 그 말이 나를 격려해주었고 희
망을 주었지. 그래서 내가 노력하고 싶게 만들었다네."

상대방에게 부응할 수 있는 좋은 평을 하라.

그러면 상대방은 반드시 바뀐다.

노력하는 모든 의지를 격려하자

|

　당신의 자녀, 남편, 직원에게 어떤 일에서 "어리석다, 멍청하다, 그 일에는 재능이 없다, 모두 틀렸다."라고 하는 것은 그들이 발전하려고 노력하는 모든 의지를 부숴버리는 것이다.

　그 반대의 기술을 써보라. 격려를 아끼지 않고, 하기 쉬운 일이라고 말하고, 그들에게 할 수 있는 능력이 있다고 당신이 믿고 있음을 알게 하라. 그리고 그들에게 숨겨진 재능이 있다고 말하라. 그러면 그들은 자신의 한계를 뛰어넘기 위해서 동이 틀 때까지 노력할 것이다.

다른 사람의 발전을 돕고 싶다면

|

다른 사람이 발전하는 걸 돕고 싶다면 명심하라.
격려하라. 쉽게 고칠 수 있는 것처럼 만들어라.

원칙 30

그가 **행복한 마음**으로 **하도록** 만들어라

인간관계의 가장 중요한 규칙
직함을 주어 권위를 느끼게 하자

인간관계의 가장 중요한 규칙

|

지난 1915년, 미국은 경악했다. 유럽 국가들이 인류의 피로 얼룩진 모든 기록 중에서도 상상도 할 수 없을 정도의 엄청난 규모로 일 년도 넘게 대학살을 자행하고 있었다. 언제 평화를 되찾을지 아무도 알 수 없었다. 하지만 월슨 대통령은 노력하기로 결정했다. 그는 유럽의 군 지도자들과 협의를 하기 위해 평화사절단으로 자신의 대리인을 보냈다.

국무장관이자 평화를 지지하는 윌리엄 브라이언은 대리인으로 자신이 가기를 원했다. 그는 이 위대한 임무를 수행한다면 세상에 영원히 이름을 떨칠 수 있는 기회라고 생각했다. 하지만 월슨 대통령은 친한 친구이자 고문인 에드워드 하우스를 지목했다. 그러자 하우스에게는 브라이언이 기분 나쁘지 않게 달갑지 않은 이 소식을 전해야 하는 골치 아픈 임무가 생겼다. 하우스는 일기에 이렇게 썼다.

"내가 평화사절단으로 유럽에 가게 되었다는 말을 들었을 때

브라이언은 분명히 실망했다. 브라이언은 자기가 그 일을 준비하고 있었다고 했다. 나는 브라이언에게 대통령은 누군가 이 일을 공식적으로 하는 것은 현명하지 않으며, 브라이언이 가게 되면 지나친 주목을 받게 되고 '왜 왔을까?' 하는 궁금증을 일으킨다고 생각하고 있다고 대답했다."

이 일기가 시사하는 바를 알겠는가? 하우스는 사실상 브라이언이 이 일을 하기에는 너무 중요한 인물이라고 말한 셈이다. 그리고 브라이언은 만족해했다.

세상사 이치에 경험이 많고 노련한 하우스는 인간관계의 가장 중요한 규칙 중 하나를 따른 것이다. 당신이 제안한 일을 상대방이 행복한 마음으로 할 수 있도록 만들어라.

직함을 주어 권위를 느끼게 하자

|

스카스데일에 사는 내 친구 어니스트 겐트 여사는 마당에 들어와 뛰어다니며 잔디를 망가뜨리는 남자아이들 때문에 골치가 아팠다. 아이들을 야단도 쳐보고 달래보기도 했다. 그러나 어떤 것도 소용없었다. 그러자 그녀는 가장 말썽쟁이에게 직함을 주어 권위를 느끼도록 했다. 그녀는 그 아이에게 '탐정'이라는 직함을 주고 잔디에 들어오는 무단 침입자를 막으라는 임무를 주었다.

그러자 문제는 해결되었다. 그녀의 '탐정'은 뒷마당에 모닥불을 피워 꼬챙이를 뜨겁게 달군 뒤, 잔디에 들어가는 아이는 누구라도 낙인을 찍겠다고 으름장을 놓았다.

당신이 제안한 일을 상대방이 행복한 마음으로 할 수 있도록 만들어라.

세계 4대 병법서인 미야모토 무사시의 『오륜서』

미야모토 무사시의 오륜서

미야모토 무사시 지음 | 박화 옮김 | 값 13,000원

전설적 CEO인 잭 웰치가 『오륜서』를 위대한 세계적 군사이론, 나아가 경영전략서로 극찬한 데는 이유가 있다. 하버드대학 MBA와 미 육군사관학교의 교재로도 쓰이는 『오륜서』는 시공간의 차원을 넘어 인간의 삶과 승부의 세계, 경영의 세계에 대한 본질을 통찰하고 있기 때문이다. 『오륜서』는 목숨을 건 진검승부의 세계에서 이기고 살아남은 검성 무사시의 실전 경험을 바탕으로 쓰여진 위대한 고전이다.

청중을 사로잡는 스피치의 모든 것

대한민국 넘버원 스피치전문가 전창현의 말하기 절대법칙

전창현 지음 | 값 15,000원

자기소개·면접·발표·회의·미팅 등 '말'을 해야만 할 때는 수없이 많다. 하지만 많은 사람 앞에서 이야기를 할 때 여전히 두렵고 긴장된다면 이 책에 주목하자. 누구에게나 꼭 필요한, 누구나 한 번쯤은 경험했을, 피하고만 싶었던 말하기와의 정면승부를 도와주는 책이다. SHE인재개발센터 대표 전창현 강사가 스피치 자체가 고통으로 다가오는 사람들을 위한 명쾌한 해결책을 제시한다.

1,000쌍을 결혼시킨 데이트코치 이성미의 신연애학

아주 특별한 연애수업

이성미 지음 | 값 14,000원

대한민국 최초 결혼정보회사 선우의 대표 커플매니저 이성미의 신연애학이 담겨 있는 책이 나왔다. 연애와 결혼은 누군가에게는 자연스럽고 쉬운 일이지만 그렇지 않은 사람들도 있다. 이 책은 연애와 결혼이 어렵게만 느껴지는 사람들을 위한 책이다. 커플매니저 이성미의 이야기이자 선우 회원들의 이야기인 이 책의 힘은 연애를 해본 사람들의 진짜 이야기, 연애에 실패해본 사람들의 진짜 이야기라는 것이다.

영화로 경제를 재미있게 배운다

영화 속 경제학

박병률 지음 | 값 16,000원

이 책은 영화 속에 숨겨진 경제학 코드를 개인·기업·국가·금융의 큰 틀에서 해석하고 설명한다. 65가지 경제용어를 속도감 있게 담았다. 신문지상에 자주 오르내리고 일상에서 자주 언급되는 시사경제용어를 중심으로 꼽았기 때문에, 이 책은 한 편의 영화만큼이나 현실감 넘친다. 재미있는 영화 내용에 푹 빠져 읽다 보면 어느새 경제용어를 소화한 자신을 발견할 수 있을 것이다.

36년간의 실전 경험을 담은 살아있는 성공지침서

길을 찾아라. 아니면 만들어라

현병택 지음 | 값 14,000원

36년간의 열정을 담은 업무노트이자 그간의 삶에 대한 진솔한 기록이다. 저자가 은행원에서 출발해 부행장을 거쳐 경제방송 방송사 대표에 이르기까지, 다양한 분야에서 만난 사람들과의 영업 이야기와 마케팅 노하우, 정곡을 찌르는 영업 비책까지 어느 책에서도 보기 힘든 이야기들을 보여준다. 이 책을 통해 비즈니스맨으로서 그간 지나온 길을 되돌아보며 앞으로 나아가야 할 바를 분명하게 정립할 수 있을 것이다.

매력적인 한 줄을 발견하기 위한 45가지 방법

마음을 움직이는 한 줄의 카피 쓰기

박상훈 지음 | 값 15,000원

많은 사람들이 누군가를, 어떤 조직을 설득하기 위한 최종병기를 찾고 있다. 이 책은 이러한 높은 관심에 부응해 매력적인 한 줄 쓰기 방법을 다룬다. 광고카피 초창기 시절부터 유명한 카피를 만들어냈던 저자의 실전 경험이 책 속에 잘 녹아들어 있다. 현시대는 장황한 설명보다는 핵심을 꿰뚫고 정곡을 찌르는 한 줄의 카피가 필요하다. 톡톡 튀는 아이디어와 감각적인 사례를 통해 흥미롭게 접근하고 있다.

측정할 수 없으면 개선할 수 없다

서울대 최종학 교수의 숫자로 경영하라 3

최종학 지음 | 값 19,500원

서울대학교 교수이자 손꼽히는 대한민국 경영대가 최종학 교수의 세 번째 역작이다. 전작에서 전략적 이슈와 관련된 회계 전문 지식으로 큰 반향을 불러일으킨 후 2년 만에 내놓는 신작이다. 과학적 발견과 논리에 근거해 여러 기업 사례의 핵심을 파악하고 대안점을 제시했던 최종학 교수는, 이번 책에서 더 날카로운 시각과 시대적 흐름을 읽는 혜안으로 경영의 핵심을 파고든다.

아나운서 이서영의 매력 스피치!

예스를 이끌어내는 설득 대화법 52

이서영 지음 | 값 15,000원

스피치 커뮤니케이션 전문가이자 프리랜서 아나운서인 저자가 그동안 쌓아온 강력한 설득 대화법 노하우를 공개한다. 저자는 그동안 각종 스피치 현장에서 몸소 느끼고 뼈저리게 체험하며 진솔한 휴먼 커뮤니케이션 방법을 체득할 수 있었다. 저자는 이 책을 통해 얄팍한 대화술에서 벗어나 완전한 공감을 이루어 승승장구할 수 있는 비결을 알려준다.

보험을 100% 활용하기 위한 41가지 비법!

보험 가입 전에 꼭 알아야 할 모든 것

박한석 · 김명규 지음 | 값 17,000원

스마트화재특종자동차손해사정(주) 박한석 대표와 목원대학교 금융보험부동산학과 김명규 교수가 현장에서 직접 체득한 손해사정과 보험에 대한 노하우를 모아 출간했다. 무턱대고 아무 보험에나 가입했다간 금전적 손실까지 입을 수 있다. 이 책은 손해사정사가 직접 전하는 보험을 경제적으로 이용할 수 있는 방법과 보험의 가입부터 이용과 해약에 이르기까지의 명확한 가이드라인을 제시한다.

돈 걱정 없는 인생 프로젝트

경제적 자유에 이르는 6단계

김선화 지음 | 값 15,000원

집을 지을 때 설계도가 필요한 것처럼 돈을 관리할 때도 전략이 필요하다. 이 책은 인생을 길게 보고 경제적으로 자유로운 삶을 살기 위해 왜, 무엇을, 어떻게 준비해야 하는지 인생 전반에 걸친 6단계 돈 관리 방법을 소개한다. 이미 많은 성공적인 사례로 검증된 '경제적 자유에 이르는 6단계' 방법을 체계적으로 정리한 책으로 6단계 비법을 따라 하다 보면 미래를 위해 현재의 만족을 포기할 수 있는 힘을 얻게 될 것이다.

경영은 분석하는 것이 아니라 통찰하는 것이다!

딜로이트 컨설팅 김경준 대표의 통찰로 경영하라

김경준 지음 | 값 19,000원

사회생활 선배이자 CEO인 저자가 후배들을 위해 다년간의 경험 노하우를 아낌없이 풀어놓았다. 역사 · 문화 · 예술 등 다양한 사회 면면을 관찰하고 성찰해, 기업조직과 경영 활동에 필요한 시사점을 자신만의 시각으로 정리했다. 뻔히 답이 보이는 형식적인 접근과 내용이 아니라 저자 자신의 삶과 경험, 그리고 인생관과 가치관을 솔직하게 담아내 사회 초년생은 물론 CEO까지 누구나 읽고 공감하기에 부족함이 없다.

라온제나만의 차별화된 목소리 트레이닝법 전격 공개!

국내 최초의 보이스코치 임유정의 목소리 트레이닝북

임유정 지음 | 값 16,000원

아나운서와 쇼핑호스트를 거쳐 스피치 아카데미를 운영하고 있는 저자가 목소리 트레이닝 노하우를 공개했다. 저자는 전작 『성공을 부르는 목소리 코칭』『성공을 부르는 스피치 코칭』 등을 통해 당당한 목소리로 자유로운 스피치를 할 수 있는 기법을 전했다. 이 책은 풍부한 예문과 상세한 훈련 방법을 엄선한 실전 트레이닝북이다.

청년창업에 성공하기 위해 반드시 알아야 할 것들!

20대, 창업으로 세상에 뛰어들어라

유연호 지음 | 값 15,000원

구체적인 창업지원프로그램 정보와 창업지원자금을 어떻게 하면 잘 받을 수 있을지 등의 많은 정보를 제공하고 있다. 창업을 준비하는 청년들이 이 책을 보면서 창업에 대한 방향을 잡고, 창업에 대한 아이디어를 얻고, 실패를 두려워하지 않을 수 있을 것이다. 또한 그들이 어떠한 두려움에 휩싸여 있는지, 그 두려움을 극복하기 위해서는 어떻게 준비하고 도전해야 하는지를 이 책에서 잘 보여준다.

협동조합을 위한 최고의 실무 매뉴얼

협동조합이 꼭 알아야 할 회계 · 세무 · 경리의 모든 것

김정호 · 김석호 지음 | 값 15,000원

협동조합을 제대로 알고 운영한다면 상생하고 협동하며 더불어 살아가는 가장 좋은 방법일 수 있지만, 올바르게 알지 않고 시작하면 자칫 큰 어려움을 겪을 수 있다. 협동조합 설립 방법, 회계처리 방법, 원천세 신고 절차 등 협동조합 운영 실무에 있어 반드시 필요한 점들을 알기 쉽게 풀어낸 이 책을 잘 읽고 실천한다면 새로운 길이 열릴 것이다.

100세 인생을 즐길까? 100년 가난에 시달릴까?

당신의 가난을 경영하라

김광주 지음 | 값 14,000원

우리는 아무리 열심히 일해도 노후를 보장받지 못하는 시대에 살고 있다. 이는 우리에게 닥친 가난이 과거의 가난과는 달리 사회구조적인 문제이며 개인의 능력만으로는 극복하기 힘든 문제라는 뜻이기도 하다. 물론 그렇다고 포기해서는 안 된다. 오히려 가난을 인정하고 적극적으로 경영해야 한다. 이 책에서는 가난을 경영하는 것만이 가난을 벗어날 수 있는 유일한 방법이라고 제시한다.

돈의 복잡한 시스템을 한 권으로 이해한다!

돈의 거의 모든 것

대니얼 코나한 · 댄 스미스 지음 | 김대중 감수 | 박수철 옮김 | 값 19,500원

금융 세계를 이토록 상세히 조명하고 복잡한 시스템을 간단한 용어로 설명한 책은 지금까지 없었다. 개인 재무관리에서부터 세계경제까지 종횡무진하면서 세금, 은행업, 투자회사, 주식시장, 헤지펀드, 인플레이션, 연금, 통화제도, 금융문화 등을 둘러싼 모든 의문점을 명쾌하게 해결해준다. 최근의 급변하는 금융상황을 이해하는 데 도움을 주는 책이 될 것이다.

정말 연애하고 싶다, 사랑하고 싶다

연애하면 왜 아픈 걸까

허유선 지음 | 값 15,000원

연애가 쉽지 않아 고민과 생각이 깊어질 때는 생각의 함정을 돌아보는 시간이 필요하다. 이 책은 연애를 어렵게 만드는 내 안의 특징을 찾고, 사랑에 관해 잘못 생각하는 부분을 발견해 문제 해결 방법을 모색하도록 이끈다. 이미 사랑에 뛰어든 사람에게는 연인을 이해하는 지침서가 될 것이고, 연애 한번 제대로 해보고 싶은 사람에게는 달콤한 연애의 시작을 올리는 책이 될 것이다.

이재술 딜로이트 대표가 들려주는 경영이야기

CEO처럼 생각하고 행동하라

이재술 지음 | 값 15,000원

기업을 이끌어야 하는 CEO와 정책을 입안해야 하는 정부 관계자에게 우리나라의 사회와 경제에 대한 비전과 혜안을 제시하는 책이다. 기업의 CEO에게는 글로벌 기업으로 성장하기 위한 전략을 제시하고, 정부 관계자에게는 정책의 방향을 조언한다. 또한 개인에게는 한국 사회와 경제를 좀더 넓게 바라볼 수 있도록 안목을 길러준다. 이 책을 읽고 나면 한국 사회와 경제에 대해 체계적인 사고의 틀이 잡힐 것이다.

솔직하게 자신을 드러낼 때 행복이 찾아온다

원하는 것을 당당하게 말하라

로버트 알버티 · 마이클 에몬스 지음 | 박미경 옮김 | 값 15,000원

전 세계에서 20여 개의 언어로 번역 출간되어 200만 부 이상 판매된 이 책은 자기주장을 통해 만족스러운 삶으로 가는 길을 안내한다. 이 책의 공저자 로버트 알버티와 마이클 에몬스는 미국의 저명한 심리학자로 40년 전부터 자기주장에 대해 연구해왔다. 2명의 심리학자가 오랜 세월 축적한 연구 결과가 이 한 권의 책에 모두 담겨 있다. 자기주장은 개인의 무력감이나 타인의 조종에 대응하는 하나의 대안이다.

인구통계라는 렌즈를 통해 미래를 예측한다!

다가올 10년, 세계경제의 내일

클린트 로렌 지음 | 삼정KPMG 경제연구원 감수 | 강유리 옮김 | 값 16,000원

이 책은 현재의 세계 인구통계 데이터를 기반으로 향후 10~20년 후의 미래 인구통계 추이를 전망함으로써 세계경제의 미래상을 그린다. 저자 클린트 로렌은 세계 기업들을 대상으로 시장과 사업 계획에 관한 컨설팅을 제공하는 인구통계 전문 기관 글로벌 데모그래픽스의 창립자 겸 대표이사다. 그는 객관적인 데이터와 체계적인 분석으로 미래 전망을 공상과학픽스의 범주에서 끄집어내어 현실 세계로 가지고 온다.

평범한 당신도 탁월해질 수 있다!

평범한 그들은 어떻게 탁월해졌을까

이재영 지음 | 값 16,000원

이 책은 1등을 넘어서는 위대한 것, 바로 그것이 탁월함이라고 설파한다. 탁월함은 남을 이기는 것이 아니라 새로운 것을 만들어내는 것이다. 그러므로 평범한 사람도 탁월한 결과를 이루어낼 수 있다. 저자는 탁월한 결과를 얻기 위한 결정적 비밀 14가지를 제시한다. 이 한 권의 책을 통해 탁월함을 보는 새로운 시각을 가질 수 있고, 나아가 탁월함에 이르는 선명한 로드맵을 발견할 수 있을 것이다.

저성장 국면에 진입한 한국 경제, 그 해법을 밝힌다!

저성장시대, 승자와 패자

삼정KPMG 경제연구원 지음 | 값 15,000원

삼정KPMG 경제연구원은 회계·컨설팅 그룹 삼정KPMG의 전문성과 글로벌 지식을 바탕으로 우리 기업들의 글로벌 경영을 위한 차별화된 지식과 정보를 제공하고자 끊임없이 노력해왔다. 이 책은 글로벌 장기 저성장시대를 맞이한 우리 기업에 승자의 전략을 제시한다. 세계경제와 한국 경제에 대해 심층적으로 분석한 내용을 토대로 기업의 생존과 번영의 전략을 수립하고, 실행을 위한 통찰력 있는 시각을 제공한다.

이솝우화 속에 숨겨진 세상살이의 진리!

내 나이 마흔, 이솝우화에서 길을 찾다

강상구 지음 | 값 15,000원

어릴 적 한번쯤은 읽어 보았을 이솝우화가 마흔을 위한 자기계발서 『내 나이 마흔, 이솝우화에서 길을 찾다』로 재탄생했다. 『어려울수록 기본에 미처라』 등 다수의 베스트셀러를 펴내며 대한민국 직장인들의 멘토로 부상한 저자가 이솝우화를 통해 잊고 있었던 삶의 지혜를 재충전해 준다. 각각의 이솝우화마다 현대적인 해석과 실제적인 조언을 덧붙였다.

하나만 바꾸면 인생을 바꿔줄 간단한 10가지 방법

하나만 다르게 행동하라

빌 오한론 지음 | 김보미 옮김 | 값 15,000원

미국 심리학계의 거두 빌 오한론이 해결중심요법을 소개한다. 해결중심요법은 문제의 원인에 과도하게 집중하지 말고, 해결 방법에 주안점을 두는 치료법이다. 이 치료법은 개인이 겪는 문제의 원인보다는 그 사람이 지금 하고 있는 행동을 밝혀내는 데 집중한다. 그리고 문제를 없애거나 고치기 위해 내담자가 지금 행하는 행동을 바탕으로 도움이 될 만한 방법을 찾는다.

이제 시작하는 20대 여자를 위한 돈 관리법

20대 여자가 가장 알고 싶은 돈 관리법 60

이지연 지음 | 값 14,000원

이 책의 저자는 이런 대한민국에서 20대 여자가 현명하게 살아남는 법을 알려주고자
이 책을 썼다. 저자는 재테크와 자기계발의 습관을 20대에 확실히 다져 놓을 것을 신
신당부한다. 20대에 가지고 있던 부실한 경제관과 인생관이 30~40대에 갑자기 바뀌
기란 불가능하기 때문이다. 저자의 현실적인 조언들을 통해 막연한 희망에서 벗어나
구체적인 플랜을 짤 수 있을 것이다.

아침에 읽는 고전의 글귀 하나가 가슴을 울린다!

내 인생에 힘이 되는 고전명언

권경자 지음 | 값 15,000원

성균관대학교 초빙교수이자 철학박사인 저자는 인생을 차분히 돌아보는 데 고전만
한 것이 없으며, 이 5분간의 짧고 명료한 고전 읽기가 인생의 나아갈 길을 제시해준
다고 강조한다. 일부러 시간 내지 않아도 되는 짧은 아침 시간에 고전 한 구절을 읽
어보자. 자신을 되돌아보는 성찰의 시간을 가지는 것, 그것이 바로 21세기에 고전을
읽는 이유다!

성공을 부르는 공감 대화법 55

어떻게 대화로 사람의 마음을 얻을까

이혜범 지음 | 값 15,000원

이 책은 상대의 성향이나 특성, 요구에 맞는 공감 대화의 기술을 설득력 있게 풀어내
고 있다. 공감이야말로 이 세상 모든 관계들을 가장 부드럽게 만들어주고, 서로 다른
사람들 사이에서 깊은 이해와 소통을 할 수 있게 만들어주는 최고의 열쇠이다. 진정
으로 소통을 잘하고 싶은 분들, 사람의 마음을 얻고 싶은 분들, 공감 대화의 구체적인
방법을 몰랐거나 그동안 일상에서 실천하지 못했던 분들에게 큰 도움이 될 것이다.

탁월한 리더는 멘토링하고, 평범한 리더는 관리한다!

뛰어난 리더는 어떻게 만들어지는가

현미숙 지음 | 값 16,000원

자신의 마음을 관리하는 능력, 일대일 대화에서 설득하는 능력, 팀이나 조직에서 한
방향을 정렬하는 능력 등 이 책에서 제시하는 여러 차원의 리더십 스킬들을 미리 연
습하고 일 속에서 익혀야, 실제로 리더 역할을 하게 될 때 영향력 있는 리더가 될 수
있을 것이다. 이 책은 실제로 리더가 영향력을 발휘할 수 있도록 돕기 위한 최고의 안
내서다.

이제 시작하는 20대를 위한 똑똑한 돈 관리법!

20대가 가장 알고 싶은 돈 관리법 75

김대중 지음 | 값 14,000원

이 책은 저금리와 노령화로 일찍부터 노후준비를 시작해야 하는 20대를 위한 책이다. 여타의 책처럼 20대에게 꿈과 야망을 가지라고 이야기하는 것이 아닌, 현실적인 문제인 돈에 대한 고민을 함께 나누는 책이다. 20대 때의 돈 관리를 어떻게 할 것인지, 이 책에 그 답이 있다!

공감 스피치로 청중의 마음을 움직여라!

성공을 부르는 스피치 코칭

임유정 지음 | 값 14,000원

남들 앞에서 스피치로 의사를 전달하는 것은 직장인이라면 누구나 고민하는 문제일 것이다. 저자는 스피치 능력은 타고나는 것이 아니기에 준비하고 노력하면 누구든지 스피치를 잘할 수 있다고 강조한다. 스피치는 타고난 사람보다 준비한 사람이 확실히 잘할 수 있다. 이 책을 통해 많은 사람들 앞에서 자유롭고 자신감 있게 스피치를 하자!

지구촌 마지막 투자 유망지 아프리카를 말한다!

기회의 땅 아프리카가 부른다

박경덕 지음 | 값 15,000원

아프리카에 사람과 돈이 몰려들기 시작하면서 지구촌의 마지막 투자 유망지로 급부상하고 있다. 포스코경영연구소 연구위원으로 아프리카 지역 동향 등을 연구하고 있는 저자는 아프리카에 대한 기본사항을 충실하고 생생히 알리는 데 역점을 두고 이 책을 집필했다. 이 책을 통해 거대한 소용돌이의 한가운데에 서 있는 아프리카의 현주소를 짚어볼 수 있을 것이다.

스마트폰에서 이 QR코드를 읽으면
'원앤원북스 도서목록'과 바로 연결됩니다.

독자 여러분의
소중한 원고를 기다립니다

원앤원북스는 독자 여러분의 소중한 원고를 기다리고 있습니다. 집필을 끝냈거나 혹은 집필중인 원고가 있으신 분은 khg0109@hanmail.net으로 원고의 간단한 기획의도와 개요, 연락처 등과 함께 보내주시면 최대한 빨리 검토한 후에 연락드리겠습니다. 머뭇거리지 마시고 언제라도 원앤원북스의 문을 두드리시면 반갑게 맞이하겠습니다.